PROFISSIONALIZAÇÃO DE PESSOAS COM DEFICIÊNCIA NO CONTEXTO ATUAL II

Dados Internacionais de Catalogação na Publicação (CIP)

B328p Bataliotti, Soellyn Elene.

Profissionalização de pessoas com deficiência no contexto atual II / Soellyn Elene Bataliotti. – São Paulo, SP : Cengage, 2016.

Inclui bibliografia.

ISBN 978-85-221-2927-0

1. Profissionalização. 2. Mercado de trabalho. 3. Profissionalização - Pessoas com deficiência. 4. Políticas públicas. 5. Acessibilidade. I. Título.

CDU 377-056.26
CDD 371.91

Índice para catálogo sistemático:

1. Profissionalização : Pessoas com deficiência   377-056.26

(Bibliotecária responsável: Sabrina Leal Araujo – CRB 10/1507)

PROFISSIONALIZAÇÃO DE PESSOAS COM DEFICIÊNCIA NO CONTEXTO ATUAL II

CENGAGE

Austrália • Brasil • México • Cingapura • Reino Unido • Estados Unidos

CENGAGE

Profissionalização de pessoas com deficiência no Contexto Atual II

Conteudista:
Soellyn Elene Bataliotti

Gerente editorial: Noelma Brocanelli

Editoras de desenvolvimento:
Gisela Carnicelli, Regina Plascak, Salete Guerra e Viviane Akemi Uemura

Coordenadora e editora de aquisições:
Guacira Simonelli

Produção editorial:
Fernanda Troeira Zuchini

Copidesque: Sirlene Sales

Revisão: Rosângela Gandini e Renata Truyts

Diagramação e Capa:
Marcelo A.Ventura

Imagens usadas neste livro por ordem de páginas:
Stock-Asso/ Shutterstock; Belushi/ Shutterstock; Everett Historical/ Shutterstock; Lisa F. Young/ Shutterstock; Marcel Jancovic/ Shutterstock; Everett Historical/ Shutterstock; auremar/ Shutterstock; Olesia Bilkei/ Shutterstock; Rawpixel.com/ Shutterstock; Marcel Jancovic/ Shutterstock; Marcel Jancovic/ Shutterstock; Fotovika/ Shutterstock; Anelina/ Shutterstock; Karin Hildebrand Lau/ Shutterstock; alphaspirit/ Shutterstock; sergign/ Shutterstock; Semmick Photo/ Shutterstock; Leigh Prather/ Shutterstock; Monika Wisniewska/ Shutterstock; Viktor88/ Shutterstock; wavebreakmedia/ Shutterstock; blackboard1965/ Shutterstock; auremar/ Shutterstock; Corepics VOF/ Shutterstock; skvoor/ Shutterstock; iQoncept/ Shutterstock; Lightspring/ Shutterstock; iQoncept/ Shutterstock; Dirk Ercken/ Shutterstock;

© 2016 Cengage Learning Edições Ltda.

Todos os direitos reservados. Nenhuma parte deste livro poderá ser reproduzida, sejam quais forem os meios empregados, sem a permissão por escrito da Editora. Aos infratores aplicam-se as sanções previstas nos artigos 102, 104, 106, 107 da Lei nº 9.610, de 19 de fevereiro de 1998.

Esta editora empenhou-se em contatar os responsáveis pelos direitos autorais de todas as imagens e de outros materiais utilizados neste livro. Se porventura for constatada a omissão involuntária na identificação de algum deles, dispomo-nos a efetuar, futuramente, os possíveis acertos.

Esta editora não se responsabiliza pelo funcionamento dos links contidos neste livro que possam estar suspensos.

Para permissão de uso de material desta obra, envie seu pedido para
direitosautorais@cengage.com

© 2016 Cengage Learning Edições Ltda.
Todos os direitos reservados.

ISBN 13: 978-85-221-2927-0
ISBN 10: 85-221-2927-4

Cengage Learning Edições Ltda.
Condomínio E-Business Park
Rua Werner Siemens, 111 - Prédio 11
Torre A - Conjunto 12
Lapa de Baixo - CEP 05069-900 - São Paulo - SP
Tel.: (11) 3665-9900 Fax: 3665-9901
SAC: 0800 11 19 39

Para suas soluções de curso e aprendizado, visite
www.cengage.com.br

Impresso no Brasil
Printed in Brazil

Apresentação

Com o objetivo de atender às expectativas dos estudantes e leitores que veem o estudo como fonte inesgotável de conhecimento, esta **Série Educação** traz um conteúdo didático eficaz e de qualidade, dentro de uma roupagem criativa e arrojada, direcionado aos anseios de quem busca informação e conhecimento com o dinamismo dos dias atuais.

Em cada título da série, é possível encontrar a abordagem de temas de forma abrangente, associada a uma leitura agradável e organizada, visando facilitar o aprendizado e a memorização de cada assunto. A linguagem dialógica aproxima o estudante dos temas explorados, promovendo a interação com os assuntos tratados.

As obras são estruturadas em quatro unidades, divididas em capítulos, e neles o leitor terá acesso a recursos de aprendizagem como os tópicos *Atenção*, que o alertará sobre a importância do assunto abordado, e o *Para saber mais*, com dicas interessantíssimas de leitura complementar e curiosidades incríveis, que aprofundarão os temas abordados, além de recursos ilustrativos, que permitirão a associação de cada ponto a ser estudado.

Esperamos que você encontre nesta série a materialização de um desejo: o alcance do conhecimento de maneira objetiva, agradável, didática e eficaz.

Boa leitura!

Prefácio

A constante necessidade de aperfeiçoar os meios de conhecimento fez com que o indivíduo estabelecesse formas de pesquisas que viabilizassem o encontro de respostas mais abrangentes e precisas para as suas dúvidas.

O termo metodologia científica compreende as formas e métodos a serem utilizados no campo de uma verificação, seja ela teórica ou prática.

Esta obra divide-se em 4 partes. Na primeira, são estudados os conceitos basilares do método científico e os sistemas válidos da produção científica. Nesta passagem, o leitor aprenderá um pouco mais sobre eventos, periódicos, comunidades científicas, fomento por parte de organismos e instituições ao processo de iniciação científica.

A segunda parte do trabalho vai apresentar o passo a passo do processo de pesquisa e os instrumentos postos à disposição do pesquisador/cientista para elaboração do seu projeto. Interessante atentar-se para as orientações sobre os diversos mecanismos passíveis de serem utilizados para a escolha daquele que melhor atende aos objetivos do pesquisador.

Já na terceira parte da obra, o leitor vai encontrar as modalidades de um trabalho científico e os tipos de discursos existentes no campo da metodologia. A partir das noções lançadas, o leitor terá condições de traçar seus próprios paradigmas acerca do que representa uma pesquisa e sua relevância prática.

Por fim, na quarta parte do trabalho, o leitor vai entender a importância das variáveis e dos níveis de amostragem, bem como a utilidade desses parâmetros para o resultado de um trabalho científico.

A leitura didática e organizada oferecerá, certamente, uma proveitosa absorção dos conceitos.

Desejamos uma excelente leitura!

UNIDADE 1
DA FORMAÇÃO AO MERCADO DE TRABALHO: COMO ESTÁ OCORRENDO A PROFISSIONALIZAÇÃO?

Capítulo 1 Introdução, 10

Capítulo 2 Relembrando a história, 10

Capítulo 3 A formação para a profissionalização da pessoa com deficiência, 12

Capítulo 4 O mercado de trabalho para a pessoa com deficiência, 14

Capítulo 5 Histórias reais: pessoas com deficiência que se profissionalizaram, 18

Capítulo 6 Superando limites, 23

Glossário, 25

1. Introdução

Nesta unidade, vamos desenvolver todo o histórico da pessoa com deficiência, relembrando o contexto, a importância da formação e da aquisição de direitos que possibilitaram a integração e a inclusão desses cidadãos, permitindo a eles ingressar na escola, na universidade e no mercado de trabalho, diante da exclusão, e da segregação. Sobre o mercado de trabalho, vamos conhecer o quantitativo de pessoas com deficiência que estão conseguindo ter acesso às vagas de emprego, veremos as principais informações sobre como isso está ocorrendo, algumas regras para a contratação e permanência da pessoa com deficiência e quais órgãos possibilitam o cadastro de portadores de necessidades especiais para se candidatarem aos empregos. Para demonstrar quão importante foi garantir os direitos das pessoas com deficiência, vamos conhecer profissionais que tiveram destaque, cada um na sua área, e que não foram impossibilitados por sua condição de desenvolver habilidades e capacidades para serem importantes naquilo que fazem. Essas pessoas são a prova de que todos podem ser aptos a deesenvolver-se em uma profissão.

2. Relembrando a história

Relembrando um pouco da história das pessoas com deficiência, até meados da Idade Média, o portador de necessidade especial era totalmente excluído do convívio da sociedade. Eram pessoas consideradas endemoniadas, bruxas ou pagadoras de algo que teriam feito de muito ruim em outras vidas.

Com o tempo e graças a muitos estudiosos que se dedicaram a desmistificar as crenças sobre as pessoas com deficiência, passou a haver mais espaço na sociedade e, assim, alguns institutos foram criados para atendê-los. Desse modo, muitos portadores de necessidades especiais foram retirados das ruas, onde viviam pois era uma prática comum e banal o abandono por parte da família, o que marginalizava esses cidadãos.

Os institutos, apesar de terem sido um meio segregador para a pessoa com deficiência, foram muito importantes para que estas começassem a adquirir direitos civis. Em primeiro lugar, quando alguns estudiosos afirmaram que as pessoas com deficiência, inicialmente os cegos e os surdos, tinham inteligência, foi possível buscar estratégias para proporcionar a aprendizagem delas, desde a escolarização até atividades práticas para o trabalho.

Desse modo, os institutos foram os primeiros a oportunizar a formação para pessoas com deficiência, como dito anteriormente, apesar de estarem segregados perante a sociedade, uma vez que cada instituto era destinado a um tipo de deficiência. Foi somente a partir desta oportunidade que muitos tiveram acesso a estudos, atividades laborais manuais para construção, conserto e manuseio de objetos para o trabalho e a socialização.

Com as pessoas com deficiência saindo da marginalização, vários meios foram criados para proporcionar a interação e socialização, como: **instrumentos de comunicação alternativa**, organização de uma linguagem para comunicação com os surdos (que posteriormente se estruturou em uma língua de sinais), sistema de leitura para cegos, artefatos como próteses para pessoas com deficiência física, entre tantos outros recursos que colaboraram para que estas pessoas pudessem, aos poucos, ser inseridas na sociedade.

A partir dos institutos, muitas escolas especiais foram criadas e já nos anos 1950 todas as deficiências tinham uma escola, instituto ou centro de reabilitação voltado para atender suas especificidades.

Figura 1.1 – Homens amputados.

No entanto, nas leis brasileiras, somente no ano de 1988 com a Constituição Federal que foi previsto:

   I – construir uma sociedade livre, justa e solidária;

   I – garantir o desenvolvimento nacional;

   III – erradicar a pobreza e a marginalização e reduzir as desigualdades sociais e regionais;

   IV – promover o bem de todos, sem preconceitos de origem, raça, sexo, cor, idade e quaisquer outras formas de discriminação (BRASIL, 1988, art. 3º).

Ainda segundo a Constituição:

> Todos são iguais perante a lei, sem distinção de qualquer natureza, garantindo-se aos brasileiros e aos estrangeiros residentes no País a inviolabilidade do direito à vida, à liberdade, à igualdade, à segurança e à propriedade (BRASIL, 1988, art. 5º).

Quando é garantido a todos a oportunidade, entende-se que os mesmos acessos devem ser ofertados para todos, sem nenhuma distinção, propondo a inclusão. No entanto, o processo de inclusão foi lento e por muitos anos houve tentativas para que de fato fosse possível trabalhar com a inclusão, até os dias de hoje.

Com isso, o que ocorreu depois da segregação, não foi a inclusão, foi a integração, ou seja, as pessoas com deficiência passaram a não apenas frequentar os institutos e as escolas especiais, mas a ter acesso a todos os locais, como as escolas tradicionais. Porém, inicialmente, nas escolas as pessoas com deficiência ficavam segregadas e não interagiam de forma igual, eram mantidas separadas e não tinham os mesmos acessos. Algumas escolas construíram salas especiais, enquanto outras destinavam atividades diferenciadas para essas pessoas. Mesmo no acesso ao trabalho, pessoas com deficiência dificilmente terminavam os estudos e entravam para o mercado profissional.

A integração não oportunizava a igualdade de acesso a todos. Por isso, desde os anos 1990 trabalha-se para que a inclusão ocorra, oportunizando o acesso de todos. Para entendermos como foi todo esse processo, vamos falar sobre a formação da pessoa com deficiência nos dias atuais, como ela vem ocorrendo para que seja possível a profissionalização. Assim, vamos apresentar histórias de pessoas com necessidades especiais que conseguiram ter acesso a uma profissão.

PARA SABER MAIS! Recentemente, vimos ser aprovado o Estatuto da Pessoa com Deficiência – Lei nº 13.146/2015, que, com o objetivo de ratificar as garantias já outorgadas na Constituição Federal de 1988, trouxe outras imposições, principalmente no que tange o acesso à educação. Determinações como a proibição de cobrança elevada e diferenciada ao portador de necessidade especial em escolas particulares e, tratamento igualitário na rede pública. Além do fomento à inclusão da pessoa com deficiência no convívio geral, concernente às atividades realizadas nas escolas, o acesso ao ensino superior e técnico também foi objeto do novo estatuto, que determina a garantia de acesso a cotistas dessa natureza. Para conhecer um pouco mais da nova lei, acesse o site do oficial: <http://www.planalto.gov.br/ccivil_03/_Ato2015-2018/2015/Lei/L13146.htm>

3. A formação para a profissionalização da pessoa com deficiência

Profissionalização, como já falamos na disciplina "Profissionalização I", é a capacitação de um indivíduo para exercer determinadas funções, ou seja, ele deve adquirir o conhecimento necessário para executar bem uma tarefa e, assim, tornar-se um profissional de determinada área.

Apesar de escolhermos definir a profissionalização ligada à formação, pelo sentido amplo da palavra, ela, na verdade, remete à mesma

Figura 1.2 – Formação da pessoa com deficiência.

raiz etimológica de professor, que é aquele que professa, que ensina uma profissão. Nesse sentido, a profissionalização que indicamos está voltada aos estudos, por meio dos quais a pessoa se prepara para ser bom na área que escolheu.

No entanto, o entendimento da palavra é algo que ainda está sendo construído, e a profissionalização em si está ligada às diversas áreas de formação, que têm conceitos, direcionamentos e necessidades diferentes. Por exemplo, para que uma pessoa seja um profissional da área de medicina, é necessário cursar a faculdade de medicina, especializar-se em uma determinada área, fazer residência médica e só depois atuar, para assim se formar um profissional. No caso de um mecânico, os conhecimentos práticos e as habilidades adquiridas ao longo da vida possibilitam formar um profissional para essa área, pois, apesar de haver cursos de formação e especialização específica, não existe obrigatoriedade para exercer a função.

Podemos compreender, portanto, que a profissionalização é o conceito das boas práticas consideradas essenciais para que um profissional tenha excelência em seu meio.

No entanto, esperar por práticas de excelência pode causar frustração em uma equipe, chefe ou líderes, pois as pessoas são diferentes entre si. Além disso, a forma de executar determinado serviço é peculiar, difere de pessoa para pessoa. Há, também, aquelas pessoas que apresentam dificuldades ou necessidades especiais para algumas execuções.

Assim, a profissionalização é um processo no qual o sujeito se desenvolve à medida que atinge etapas e amadurece sua maneira de executar determinadas ações. Nesse sentido a formação é adequada, e adquirir conhecimento no processo formativo colabora para a prática.

A profissionalização é, portanto, um processo de construção que almeja alcançar um objetivo: desempenhar bem uma função no mercado de trabalho. Para as pessoas portadoras de deficiência o processo não é diferente, mas requer atenções.

A formação da pessoa com deficiência, no Brasil, ainda não é de fácil acesso. Pessoas com deficiência visual, auditiva e motora enfrentam grandes dificuldades de acesso e permanência em cursos de formação superior. Além das pessoas com deficiência intelectual, em que muitos casos não conseguem concluir sequer o ensino médio.

Relembrando o que aponta o Censo de 2010, sobre o acesso à educação de pessoas com deficiência em geral:

- 14,2% tinham o ensino fundamental completo;
- 17,7% tinham o ensino médio completo;
- 6,7% tinham o ensino superior completo.

A proporção denominada "não determinada" foi igual a 0,4%. Em 2010, grande parte da população com deficiência não tinha instrução e ensino fundamental completo, o que representou, naquela oportunidade, cerca de 61,1% das pessoas portadoras de necessidades especiais (Censo Demográfico 2010, 2012).

Diante desse cenário, a formação da pessoa com deficiência é baixa. Pode-se depreender que o alcance de vagas no mercado de trabalho específico ainda não é possível para a maioria das pessoas com deficiência. No entanto, com as leis que regem o país, possibilidades de acesso têm sido viabilizadas, oportunizando às pessoas com deficiência garantias no mercado profissional.

4. O mercado de trabalho para a pessoa com deficiência

Somente a partir de 1990 a pessoa portadora de necessidades especiais começou a ser incluída nas prioridades dos governos em relação à profissionalização. Tal fato só foi possível após muitos anos de luta.

Ainda assim, para que fossem garantidos os direitos da pessoa com deficiência, foi necessária a elaboração de leis, decretos e constituições para que esses indivíduos pudessem alcançar os mesmos direitos que todos. Contudo, ainda existem muitas pessoas que continuam marginalizadas e sem acesso à formação e ao mercado de trabalho.

Com a criação das Leis de Cotas, em 1991, foi estabelecido um percentual mínimo para que trabalhadores com deficiência fossem inseridos em empresas, tornando possíveis oportunidades que viabilizariam a inclusão.

A inclusão é um processo importante não apenas para a pessoa com deficiência, mas para o convívio social entre os indivíduos. A tolerância e a aceitação só são possíveis se oportunizada a convivência; o trabalho que deve acontecer baseado no respeito. Uma empresa tem a função de promover a interação e a convivência social entre todos. Depois da escola, o local de trabalho é um dos ambientes em que mais ocorre a interação entre os sujeitos.

Para conhecer como está atualmente a situação da pessoa com deficiência, apresentamos os dados da i.Social, que é uma consultoria cujo foco está voltado para a inclusão social e econômica da pessoa com deficiência. Além de ela direcionar as vagas do mercado de trabalho disponibilizadas para estas pessoas, realiza, anualmente, um levantamento de dados sobre a situação das pessoas com deficiência inseridas no meio profissional. Vamos apresentar alguns dados da consultoria expostos no ano de 2014, resultado das entrevistas realizadas com 2.949 profissionais portadores de necessidades especiais.

> *PARA SABER MAIS!* O site i.Social é específico para informações de trabalho sobre pessoas com deficiência. Nele existem diversas informações importantes para que a pessoa saiba os quantitativos de inserção, a partir de dados recentes de empresas, órgãos públicos ou terceiro setor. Fique sempre por dentro! É só acessar: http://www.isocial.com.br/isocial-quem-somos.php

Dentre os profissionais entrevistados, a maioria eram mulheres, representadas por 59% do total; 80% havia concluído no mínimo o ensino superior, o que nos leva a crer que aqueles que conseguem postos de trabalho são os que o concluem; e apenas 8% deles não conheciam o direito assegurado pela Lei das Cotas (i.SOCIAL, 2015).

A maioria dos cargos apresentados pelos funcionários entrevistados era de alta posição, como gerente, coordenadores, diretores, presidentes, sócios ou proprietários, somando 63% do total. Para o contrato de outros profissionais com deficiência, exatamente metade dos entrevistados disse ter participado de entrevistas, no entanto, 56% deles informaram não se sentirem preparados para tal função, tendo em vista que, segundo eles, o profissional responsável por essas entrevistas deve estar preparado e conhecer bem o perfil do seu entrevistado,

Figura 1.3 – Pessoa com deficiência no mercado de trabalho.

assim como sua deficiência, afinal, eles que decidirão se a contratação deste profissional acontecerá ou não (i.SOCIAL, 2014).

Um dado preocupante apresentado pelo estudo é que muitos profissionais que contratam pessoas com deficiência não têm o menor conhecimento sobre a pessoa e suas dificuldades, o que pode dificultar a inclusão, tanto pessoal quanto de infraestrutura.

Naturalmente, o processo de inclusão necessita de muita informação para ser bem-sucedido, pois depende de uma mudança de cultura organizacional. Justamente neste quesito vemos que há um enorme gargalo, já que aproximadamente 90% dos respondentes afirmaram que sentem falta de informações sobre inclusão de pessoas com deficiência (i.SOCIAL, 2014).

Como dito, a inclusão não ocorreu do dia para a noite. Se atualmente é possível encontrar pessoas portadoras de necessidades especiais em altos cargos, para a maioria dos entrevistados a realidade é diferente, pois muitos ainda não conseguem ter o mesmo acesso por serem marginalizados pela sociedade e terem pouco ou nenhum acesso a informações e educação.

Apesar de os dados da consultoria serem satisfatórios, o estudo foi realizado apenas com portadores de deficiência já inseridos no mercado de trabalho. Por trás desses números, ainda há muitas pessoas em busca de oportunidades, presas às instituições e dependendo de auxílio do governo.

Para ajudar a resolver esse problema, o ideal seria que houvessem iniciativas governamentais que acompanhassem as pessoas com deficiência, destinando-as para as demandas e proporcionando um norte para aquele que busca ser ativo no mercado de trabalho.

No Brasil, o sistema que mantém o cadastro de pessoas com deficiência, chama-se Sistema Nacional de Emprego (SINE), no qual é possível verificar que as informações não são usuais. Apesar de haver a Comissão de Igualdade de Oportunidades de Gênero, de Raça e Etnia, de Pessoas com Deficiência e de Combate à Discriminação, poucas são as informações disponibilizadas. A estatística do ambiente é apresentada de forma geral. Outrossim, é um local de informações para busca de assuntos relacionados ao trabalho.

Apesar do contexto, a realidade da pessoa com deficiência vem, aos poucos, se alterando. Nos últimos quinze anos houve um crescimento considerável nas contratações de pessoas com deficiência. Em 2001, havia apenas doze empresas contratantes, cumprindo a demanda da Lei de Cotas. Em 2010, este número aumentou para 82.014 empresas obedecendo a legislação pelo Brasil, o que vem crescendo **vertiginosamente** até os dias atuais (2015). Não obstante, ainda há um longo caminho a percorrer.

Vejamos a seguir algumas regras de contratação e permanência da pessoa com deficiência:

1 - A pessoa com deficiência somente é contratada por cotas? Não. A cota é uma norma que garante o direito da pessoa com deficiência, mas se a empresa precisar de colaborador e uma pessoa com deficiência se candidatar, ela deve ter as mesmas chances que qualquer outro indivíduo.

2 - Na seleção e entrevista da pessoa com deficiência deve ser assegurada a acessibilidade para que a pessoa possa participar igualmente do processo. Para pessoas com deficiência auditiva é necessário um intérprete de Libras; para pessoas com deficiência visual são necessários testes em Braille, e uso de **audiodescrição**; para pessoas com deficiência física o local deve

ser acessível. A pessoa com deficiência deve informar antecipadamente sua condição, para que a empresa procure garantir seus direitos.

3 - A experiência não é obrigatória, pois pessoas com deficiência historicamente tiveram dificuldades em acesso ao emprego. Assim, muitas não puderam trabalhar durante a vida toda, logo não acumularam experiência. Por isso, para essas pessoas a experiência não é obrigatória, e a empresa contratante deve garantir a formação.

4 - Uma empresa pode contratar apenas um tipo de deficiência? Não. Como já tivemos a oportunidade de comentar, pessoas com deficiência física têm melhor acesso à socialização e, portanto, ao ambiente de trabalho, pois sua dificuldade requer mudanças na infraestrutura, enquanto as outras deficiências precisam, principalmente, de mudanças atitudinais. No entanto, uma empresa não pode contratar apenas um tipo de deficiência, pois isso caracterizaria discriminação. A oportunidade deve ser dada a todos.

5 - Há diversas possibilidades de atuação em serviço. As pessoas com deficiência, apesar de suas limitações, não devem ser desmerecida, elas têm habilidades e capacidades que as tornam merecedoras de oportunidades.

6 - Quanto ao horário do expediente e salário, se houver necessidade, o cidadão portador de deficiência poderá ter horários flexíveis e seu salário deverá ser proporcional. Como já mencionado, o trabalhador com necessidades especiais tem assegurado os mesmos direitos que outros trabalhadores, e essa regra também vale para o campo salarial.

7 - O responsável pelo cumprimento da lei é o Ministério Público do Trabalho e Emprego, que conta com auditores-fiscais para realizar a fiscalização.

PARA SABER MAIS! O Ministério do Trabalho e Emprego disponibiliza informações sobre o trabalho para a pessoa com deficiência. Acesse: <http://www3.mte.gov.br/fisca_trab/inclusao_pessoas_defi12_07.pdf>. Acesso em: 14 de abril de 2015.

Alguns órgãos aproximam empregador e candidato portador de necessidade especial. Entre eles, temos:

- o Sistema Nacional de Empregos (SINE), que mantêm cadastros de candidatos para pessoas com deficiência;
- os Centros e Unidades Técnicas de Reabilitação Profissional do Instituto Nacional do Seguro Social (INSS); e
- o Sistema de Informações da Coordenadoria Nacional para Integração da Pessoa Portadora de Deficiência (Sicorde).

5. Histórias reais: pessoas com deficiência que se profissionalizaram

Em 2004, o lema internacional da pessoa com deficiência foi: nada sobre nós sem nós. Nesse sentido, podemos ver que somente foi possível escrever a história da pessoa com deficiência a partir do momento em que lhe foram dadas oportunidades na sociedade.

Não se sabia muito sobre a pessoa com deficiência. Contudo, diversos profissionais foram importantes não apenas para mostrar que pessoas com deficiência também têm capacidades, mas porque se destacaram em sua área de atuação, como profissional.

Vamos apresentar diversos profissionais de áreas distintas que fizeram e ainda fazem a diferença e que se não tivessem seus direitos garantidos, provavelmente teriam deixado de contribuir de maneira tão grandiosa com a humanidade.

Artes, ciências, educação e política

Aleijadinho (1730-1814)

Antônio Francisco Lisboa nasceu em Vila Rica, atual Ouro Preto, em Minas Gerais. No ano de 1777, contraiu uma doença misteriosa que o fez perder membros superiores e inferiores. Ainda assim, conseguia trabalhar com a ajuda de escravos e instrumentos amarrados em suas mãos. Por essa razão, foi apelidado de Aleijadinho.

Mesmo diante de sua fragilidade física, foi considerado um dos maiores barrocos (**rococó** e estilos clássicos e **gótico**) do Brasil; suas obras, esculturas de madeira e pedra-sabão são consideradas patrimônios culturais.

Apesar da condição que limitava Aleijadinho fisicamente, o artista continuou seu trabalho e executou suas funções, tendo sido reconhecido somente muitos anos depois de sua morte. Hoje é senso comum relacionar o nome de Aleijadinho ao barroco brasileiro.

Ludwig Van Beethoven (1770 - 1827)

Beethoven, como é popularmente conhecido, foi um compositor alemão considerado um dos maiores gênios da música erudita. Aos 8 anos de idade já apresentava sinais de refinamento para a música. Aos 27 anos começou a perder, gradativamente, a audição.

Atormentado pela perda auditiva, isolou-se socialmente, tornou-se depressivo e com pensamentos suicidas, mas não parou de criar suas músicas. Compôs referências em obras românticas e obras de alta suavidade.

Durante o período em que se isolou, escreveu cartas aos seus irmãos sobre o seu descontentamento com a surdez que tanto atrapalhava sua produção. Nessas cartas, Beethoven mencionava que em outras profissões não teria tanto problema quanto na dele, por trabalhar com a música, algo tão auditivo. Essas cartas nunca foram enviadas e se tornaram conhecidas somente após a sua morte. Ainda hoje, podemos ter acesso às belas obras do compositor, que conseguia compor músicas utilizando **cornetas acústicas** para poder ouvir melhor. Quando completou 52 anos, ficou completamente surdo, mas nem assim parou de compor.

Figura 1.4 – Ludwig Van Beethoven – 1819.

Frida Kahlo (1907 - 1954)

A mexicana (e patriota declarada) Magdalena Carmen Frida Kahlo y Calderon foi uma das maiores pintoras do século XX. A história de sua deficiência teve início aos 6 anos de idade quando Frida Kahlo foi acometida de poliomielite que atrofiou um dos seus membros inferiores, provocando dificuldades de locomoção. Quando completou 18 anos e ingressou na faculdade de medicina para mulheres, sofreu um acidente de carro com seu noivo em que uma barra de ferro atravessou seu abdômen, ferindo vários órgãos e uma das vértebras. Foram vários meses de recuperação; durante esse tempo, Frida dedicou-se à pintura.

A artista viveu uma vida de dores, amores e extravagâncias, mas teve seu reconhecimento ainda em vida. No entanto, devido a suas dores e o membro amputado, ela tinha pensamentos suicidas, mas era confortada por seu companheiro.

Stevie Wonder (1950)

Na área musical temos Stevland Hardaway Morris, ou simplesmente Stevie Wonder. Compositor e cantor estadunidense, cego desde o seu nascimento prematuro, sua deficiência foi ocasionada em razão de os vasos sanguíneos de seus olhos não terem se formado completamente, tendo ocasionado um deslocamento da retina, chamada **retinopatia da prematuridade**.

Sua deficiência não o impediu de ser um profissional de sucesso na área em que atua. Desde pequeno já chamava atenção por sua voz e aos 13 anos lançou seu primeiro álbum, já com grande sucesso, tornando-se, nos anos de 1970, o mais influente músico negro da época.

Outro fato curioso de sua vida foi o acidente de carro sofrido em 1973, que o fez perder parcialmente o olfato e, por um período, a percepção do paladar, numa deficiência chamada **anosmia**.

Andrea Bocelli (1958)

Andrea Bocelli é um tenor, compositor e produtor musical que, assim como Stevie Wonder, perdeu a visão muito cedo. No entanto, apesar de ter sido diagnosticado com **glaucoma** na infância, apenas aos 12 anos de idade ficou completamente cego.

A música foi um importante meio para a adaptação de sua deficiência, já que desde a infância apresentava predisposição para diversos instrumentos. Atualmente, tem seu reconhecimento na música, mas também se arrisca como escritor.

Helen Keller (1880 - 1968)

Helen Adams Keller foi uma escritora estadunidense surda e cega, que teve ensinamentos de Anne Sullivan, sua professora e governanta (também com deficiência visual, mas que conseguiu recuperar parte da visão após inúmeras operações). Helen Keller perdeu a visão e a audição aos 19 meses. Apesar de comunicar-se com a família por meio de alguns sinais, foi com sua governanta que passou a se comunicar com a língua de sinais. Concluiu a faculdade de filosofia e seguiu carreira como jornalista em virtude da popularidade de seus artigos.

Além de escritora, foi uma importante ativista dos direitos humanos para a pessoa com deficiência e dos trabalhadores, em que demonstrava com sua história de vida que todos tinham possibilidade de fazer qualquer coisa. Recebeu homenagens em diversos países, inclusive no Brasil. Helen mostra que mesmo presa em um mundo sem imagens ou sons, a pessoa com deficiência consegue ser produtiva, não somente para si mesma, mas para a sociedade.

Lars Grael (1964)

Lars Schmidt Grael é um velejador brasileiro, medalhista olímpico em várias modalidades da vela, no entanto. Em 1998, quando tinha 34 anos, sofreu um acidente no mar em que uma de suas pernas foi mutilada.

Apesar de ter ficado um tempo fora das atividades de velejador, voltou para as competições e conseguiu boas classificações nas modalidades às quais competiu. Além disso, Lars Grael exerceu cargos políticos como Secretário Nacional dos Esportes.

Marla Runyan (1969)

Corredora estadunidense, ficou conhecida nos anos 1990 quando ganhou quatro medalhas olímpicas, na Paraolimpíadas. Marla ficou cega aos 9 anos quando desenvolveu uma doença chamada de **doença de Stargardt** que degenera a visão progressivamente. Mesmo assim, não desistiu e seguiu sua vida no atletismo, batendo recordes de velocidade, além de ser medalhista em ouro por cinco vezes. No ano de 2001 escreveu um livro sobre sua vida.

Oscar Pistorius (1986)

Oscar Leonard Carl Pistorius foi um corredor sul-africano com deficiência física (amputação das pernas). Assim como Marla, Pistorius foi um atleta olímpico. O seu diferencial é que ele acreditava que poderia competir não apenas nas Paraolimpíadas, mas, também, nas Olimpíadas. Portanto, ele é o único atleta olímpico e paralímpico da história a participar simultaneamente de ambas as competições, na Olimpíada de Londres em 2012.

O corredor trouxe à tona a discussão dos direitos das pessoas com deficiência em competições em igualdade – que era o que ele falava à época "quero correr em igualdade" – demonstrando que as próteses de corridas poderiam ser consideradas como pernas e que não traziam melhoras para o corredor. No entanto, sua carreira foi interrompida por ter sido considerado culpado de homicídio que o levou à prisão.

Thomas Édison (1847 - 1931)

Thomas Alva Édison foi um inventor estadunidense conhecido principalmente pela criação da lâmpada elétrica, além de outros como o fonógrafo e o telégrafo. Ele tinha uma leve surdez que acreditava ser fruto de "incidentes" de sua vida, quando levou puxões e tapas nas orelhas. Entretanto, alguns médicos acreditam que ele já tinha alguma **doença degenerativa congênita** que foi agravada pelos seus incidentes.

Apesar da surdez, Thomas Édison foi um apaixonado pela telegrafia. Ele dizia que o fato de não ouvir os sons ao seu redor o ajudava a ouvir os sons que importavam para ele, pois prestava atenção apenas na comunicação dos telégrafos.

Stephen Hawking (1942)

Stephen Williams Hawking é um físico teórico e **cosmólogo** britânico, que atuou como professor de matemática da Universidade de Cambridge. Hawking tem deficiência física ocasionada por uma doença neurológica chamada de **Esclerose Lateral Amiotrófica**, que deixou seu corpo comprometido, mas suas capacidades cognitivas intactas.

A doença degenerativa de Hawking começou quando ele ainda cursava a faculdade. Os médicos não acreditavam que ele sobreviveria mais de três anos, mas ele contrapôs todas as expectativas, já que se tornou um dos cientistas mais consagrados e reconhecidos da atualidade. Sua história já foi contada em dois documentários e dois filmes. O último, *A teoria de tudo*, recebeu o Oscar de melhor ator em 2015.

> *PARA SABER MAIS!* Assim como Stephen Hawking, há outros professores universitários com deficiência. No Brasil podemos citar Eder Pires de Camargo, professor da Universidade Estadual Paulista, que tem deficiência visual. Para conhecer sua história, assista ao vídeo: <https://www.youtube.com/watch?v=95uWKO-o99Y>. Acesso em: 25 de abril de 2015.

Franklin Roosevelt (1882 - 1945)

O trigésimo segundo presidente dos Estados Unidos (1933 - 1945), Franklin Delano Roosevelt, contraiu poliomielite aos 39 anos, o que ocasionou dificuldades de locomoção. No entanto, raras foram as fotos tiradas com cadeiras de rodas, já que ele preferia "caminhar" com a ajuda de seus guarda-costas, buscando esconder sua deficiência do público.

Célia Leão

Célia Leão sofreu um acidente de automóvel em 1974 que a deixou paraplégica. Ingressou na política para lutar pelos direitos das pessoas com deficiência, da mulher e pela educação. Tornou-se vereadora pela cidade de Campinas e em 1990 foi eleita deputada estadual.

Mara Gabrilli

Mara Cristina Gabrilli também é deputada federal. Foi vereadora da cidade de São Paulo. Assim como Célia, sofreu um acidente de automóvel em 1994, mas ficou tetraplégica, impossibilitada de se mexer do pescoço para baixo. Três anos após seu acidente, fundou uma organização não governamental localiza as pessoas com deficiência em comunidades carentes e as auxilia. Seu foco na política é voltado para pessoas com deficiência em prol da acessibilidade de todos.

6. Superando limites

Como podemos observar, a deficiência não impede as pessoas de exercer funções laborais. Pessoas com deficiência podem ser produtivas e importantes. O trabalho, além de fazer bem para elas, beneficia a sociedade com a inclusão, sobretudo que muitas pessoas, além da produtividade laboral, trouxeram avanços significativos para o mundo todo.

Para conhecer mais, alguns filmes, livros e histórias que contam vidas das pessoas com deficiência, o que nos apresentam que estas pessoas são capazes, mesmo com suas limitações. Alguns destes filmes trazem além da histórica, a oportunidade de conscientização para a inclusão.

Um bom exemplo é o curta-metragem *Candidato*, produzido pela Giacometti Comunicações do Rio de Janeiro, criado por Marco Ferreira e João Santos, com direção de criação de João Santos e dirigido por Quico Meirelles. O filme mostra uma entrevista de emprego, na qual os diretores da corporação levantam motivos sem propósitos para a não contratação de uma pessoa com deficiência.

PARA SABER MAIS! Para assistir ao filme Candidato, *acesse: <https://www.youtube.com/watch?v=BNgKyc1CZss>. Acesso em: 26 de abril de 2015.*

Assista também:

- *A força de um campeão (1983) conta a história de Terry Fox, um rapaz que teve a perna direita amputada por causa de um câncer. Adepto do atletismo, decidiu correr a Maratona da Esperança para angariar fundos para a pesquisa da doença.*

- *A história de Loretta Claiborne (2000) conta a história de uma jovem estadunidense que nasceu com deficiência física, intelectual e visual, mas que gostava muito de correr. Com o incentivo de uma assistente social, inscreve-se em uma organização especial para corridas e passa a disputar diversas competições em níveis nacionais.*

- *Warm Springs (2005) conta a história do presidente estadunidense Franklin Roosevelt, que ficou paraplégico em 1921, aos 39 anos. A história mostra que uma pessoa com deficiência pode ser um bom governante.*

Atualmente, pessoas com deficiência estão inseridas na educação e no mercado de trabalho. No entanto, ainda é notório o preconceito. Muitos portadores de necessidades especiais são contratados para exercer funções idênticas a dos não portadores de necessidades especiais, porém com remunerações mais baixas, executando as tarefas em ambientes sem acessibilidade, apenas para que as companhias consigam cumprir o que impõe a lei. Com isso, não podemos concluir que a inclusão está garantida e, sequer, que é aceita dentro das condições fundamentais.

Nos próximos capítulos vamos tentar compreender como os estudos acadêmicos e as investigações na área têm colaborado para que as pessoas com deficiência se tornem público-alvo das pesquisas e como a conclusão dessas pesquisas pode melhorar o acesso desse cidadão no mercado de trabalho.

Glossário – Unidade 1

Anosmia – é a perda total do olfato. Pode durar um curto período, como em um resfriado, ou ser permanente, nos níveis parcial ou total.

Audiodescrição – recurso de tecnologia assistiva que consiste em descrever, de forma clara e objetiva, informações de aspecto visual, ou seja, apresentar com palavras imagens, figuras, pinturas para pessoas que não as podem ver.

Cornetas acústicas – aparelhos tubulares, em forma de funil, que coleta ondas sonoras do ambiente e levam até o ouvido, auxiliando a audição para pessoas com dificuldade em ouvir.

Cosmólogo – pessoa que estuda a cosmologia, que por sua vez é o estudo da origem, finalidade e destino do Universo.

Doença de Stargardt – doença de herança hereditária, recessiva autossômica, que afeta crianças e jovens. Tem o caráter progressivo de perda da acuidade visual em diversos níveis. É conhecida como degeneração macular juvenil.

Doença degenerativa congênita – consiste em doenças que remetem à alteração funcional de uma célula, um tecido ou um órgão, provocando a degeneração de todo o organismo.

Esclerose lateral amiotrófica – doença degenerativa do sistema nervoso que provoca a perda gradual da força e coordenação muscular. Acarreta paralisia motora progressiva, irreversível e limitante.

Glaucoma – doença ocular causada principalmente pela elevação da pressão intraocular, acarretando lesão no nervo ótico que pode levar à cegueira.

Gótico – estilo baseado na evolução da arquitetura romântica e precedido da renascentista. Desenvolveu-se na Europa, principalmente na França, na arte de construir catedrais.

Instrumento de comunicação alternativa – instrumento destinado às pessoas que não conseguem se comunicar por meio da fala, que no formato de imagem, gestos ou textual oportuniza a comunicação entre as pessoas.

Retinopatia da prematuridade – doença do desenvolvimento desorganizado dos vasos sanguíneos que suprem a retina. Tem causa multifatorial, que atinge principalmente bebês prematuros, já que esses vasos são formados no final da gestação. Quando um bebê nasce prematuramente, tais vasos não são completamente formados.

Rococó – estilo artístico que nasceu na Europa, sendo a França o principal precursor. É um desdobramento do estilo barroco, mais leve e intimista, utilizado principalmente em decoração de interiores.

Vertiginosamente – Crescimento de forma grandiosa, exagerada.

UNIDADE 2
QUESTÕES METODOLÓGICAS ENVOLVIDAS NO ESTUDO DA PROFISSIONALIZAÇÃO

Capítulo 1 As pesquisas sobre a profissionalização, 28

Capítulo 2 O que alguns estudos têm a nos dizer?, 34

Capítulo 3 Considerações finais, 43

Glossário, 45

1. As pesquisas sobre a profissionalização

Como já se pode perceber, as pessoas com deficiência têm e podem executar trabalhos laborais como qualquer outra pessoa. Muitas delas são, inclusive, referências em suas áreas de atuação, demonstrando que não deve haver preconceitos diante de certas limitações.

A profissionalização da pessoa com deficiência no Brasil vem sendo discutida há mais de 40 anos, principalmente a partir da Lei de Cotas, que buscou garantir o direito de acesso desse grupo no mercado de trabalho. Uma vez que são incluídas na sociedade, elas devem ter acesso ao todo: desde a escolarização até a profissionalização. A formação escolar brasileira está constituída para preparar o aluno para os vestibulares e os processos seletivos e para que ingresse em cursos de formação superior ou profissionalizante.

A inclusão de pessoas com deficiência, seja na escola ou no mercado de trabalho, proporciona a melhora da autoestima e possibilita que o sujeito descubra e demonstre suas habilidades e competências, do mesmo modo que ocorre com os não portadores de necessidades especiais.

Para colaborar com a discussão, muitas pesquisas foram publicadas no Brasil, ajudando a orientar a inclusão da pessoa com deficiência no local de trabalho e a investigar a real situação nos diversos cantos do país acerca do assunto.

Figura 2.1 – Pessoa com deficiência estudando.

Em uma busca rápida por **repositórios nacionais** que armazenam trabalhos acadêmicos de **dissertações** e **teses**, é possível encontrar mais de 100 projetos que abordam diversas metodologias sobre profissionalização e trabalho para pessoa com deficiência. Também é fácil encontrar, em repositórios de buscas, diversos artigos que discutem o tema.

De modo geral, as pesquisas trazem variados contextos e metodologias que têm colaborado significativamente com a inclusão da pessoa com deficiência no mercado de trabalho, seja realizando levantamentos bibliográficos ou buscando informações de práticas laborais ou investigando a importância da inserção nesse meio, na vida do portador de deficiência.

Figura 2.2 – Pesquisas.

Independentemente do método escolhido para a pesquisa, a grande maioria aponta a importância da atividade laboral para pessoa com deficiência tanto para ela própria quanto para a sociedade, tendo em vista que o trabalho é uma das principais vias de inclusão, como já discutimos em Profissionalização I. Por essa razão, é fundamental minimizar as diferenças entre todas as pessoas. É por meio do trabalho que a pessoa desenvolve suas habilidades e demonstra ser capaz de obter independência e autonomia, mesmo que financeiramente a independência nem sempre seja possível. Ainda assim, a contribuição para inclusão é de extrema importância.

Algumas pesquisas sobre o tema foram realizadas por Goyo, Manzini, Carvalho, Balthazar e Miranda (1989); Mendes, Nunes, Ferreira e Silveira (2004) e Santos (2013), cujos levantamentos foram bem expressivos, como podemos verificar nos próximos capítulos.

De 1968 a 1987

No período apresentado é importante ressaltar que ainda não havia normas, como a Legislação de Cotas, para a pessoa com deficiência, mas diversos trabalhos já discutiam a necessidade de garantir esse direito.

No estudo de Goyo, Manzini, Carvalho, Balthazar e Miranda (1989), que teve como foco principal a pessoa com deficiência intelectual, foram feitos os levantamentos de produções entre os anos de 1968 a 1987, cuja maioria abordava a temática sobre a formação profissional.

A pesquisa procurou relatar, de forma minuciosa, os resumos dos trabalhos produzidos no período, de modo, a não modificar os conteúdos apresentados. Ao fazer um levantamento sobre os temas de formação profissional da pessoa com deficiência, os autores localizaram 70 estudos entre **anais**, **periódicos**, capítulos de livros, monografias e teses de doutorado.

Para ser possível apresentar os dados de todos os estudos, os autores categorizaram os dados, apresentaram as subcategorias e depois as justificativas alegadas em cada uma delas. Neste sentido, foram 12 **categorias** divididas em: argumento de ordem social; argumentos referidos ao próprio portador de deficiência mental; argumentos referidos ao mercado de trabalho; argumentos de ordem social; argumentos referidos à demanda; argumentos referidos à demanda escolar; argumentos referidos a aspectos do próprio treinamento; argumentos referidos à concepção de formação profissional; argumentos referidos à família; argumentos de ordem terapêutica; argumentos de ordem legal; argumentos ético-religiosos; questionamento.

*A*TENÇÃO! *Os termos pertinentes às deficiências foram os utilizados pelo autor. Lembramos que usamos o termo "pessoa com deficiência intelectual", mas para apresentar os dados reais dos autores descreveremos assim como está na literatura.*

Diversos estudos evidenciaram que o salário era considerado um prêmio para a pes-

Figura 2.3 – Jovem com síndrome de Down trabalhando com carrinho de mercado.

soa (não que não fosse, mas não era só isso), que a formação para elas figurava uma saída para sua situação financeira e ajuda para o governo (tendo em vista que há a arrecadação de tributos) e para o empregador (pois é mão de obra barata). Neste sentido, é possível verificar a exploração da pessoa com deficiência intelectual, que só consegue emprego se há formação profissional e, mesmo assim, não lhe é garantida a manutenção do emprego.

Ao final, os autores concluem que, de forma geral, os estudos indicam que a formação da pessoa com deficiência intelectual traz benefícios, principalmente, a ela, uma vez que é uma forma de melhorar o acesso ao mercado de trabalho.

PARA SABER MAIS! Se você quiser ter acesso ao texto de Goyo, Manzini, Carvalho, Balthazar e Miranda, acesse: <http://www.fcc.org.br/pesquisa/publicacoes/cp/arquivos/875.pdf>. Acesso em: 29 maio 2015.

De 1980 a 2000

Na pesquisa de Mendes, Nunes, Ferreira e Silveira (2004), foram levantados 18 estudos de programas de Pós-Graduação em Educação e Psicologia com a temática profissionalização, em que oito deles foram produzidos pelo programa de Pós-Graduação em Educação da UFSCar; quatro no mestrado em Educação da UERJ; e um em cada uma das seguintes universidades: UNB; UFMG, UFMS, UFPR, PUC-SP e UFRGS.

Ao analisar todos os estudos, os autores identificaram três linhas de pesquisa principais:

> [...] descrição e análise da formação profissional e dos programas direcionados para indivíduos com deficiência em oficinas de preparação para o trabalho em instituições especializadas (nove dissertações); descrição e análise do processo de inserção e integração de pessoas com deficiência mental no mercado competitivo de trabalho (quatro dissertações) e estudos sobre a opinião dos indivíduos portadores de deficiências, de seus pais e de profissionais em relação ao trabalho (cinco dissertações). (Mendes, Nunes, Ferreira, Silveira, 2004, p. 106)

Ao separar as metodologias e os temas por linhas de pesquisa, os autores lidaram com três categorias para explicar os trabalhos indicados resumidamente pelos capítulos: preparação para o trabalho nas oficinas de instituições especializadas; perspectiva para o trabalho competitivo; e perspectiva das pessoas com deficiência, de seus pais e de profissionais em relação ao processo de profissionalização.

Em todos os capítulos, os autores resumiram cada uma das pesquisas que abordavam o tema categorizado, demonstrando a precariedade em programas vocacionais realizados pelas instituições, estando desvinculados da realidade do que é o mercado de trabalho, bem como ilustrando o interesse de pesquisadores em investigar o campo profissional para as pessoas com deficiência intelectual e estudos que apresentaram novas metodologias e alternativas para a profissionalização.

Concluindo, os autores elencaram 10 itens das necessidades relatadas nos estudos:

(a) desenvolver o treinamento profissional em ambiente regular de trabalho; (b) divulgar o potencial de trabalho de pessoas com deficiência nos diversos setores que podem ser considerados possíveis empregadores desta mão de obra; (c) orientar empresas e instituições com a finalidade de modificar as representações sociais sobre os portadores de deficiências; (d) realizar orientação às famílias de pessoas com deficiência, com o objetivo de transformá-las em ponto de apoio e incentivo; (e) elaborar procedimentos sistemáticos de treinamento e acompanhamento profissionalizantes, com condições de ensino devidamente planejadas; (f) desenvolver programas de capacitação de instrutores de indivíduos portadores de deficiências em oficinas pedagógicas e oficinas protegidas; (g) considerar a opinião dos indivíduos com deficiência acerca do processo de profissionalização no qual estão inseridos ou pelo qual já passaram; (h) revisar as propostas das instituições quanto ao preparo para o trabalho do indivíduo portador de deficiências; (i) incorporar procedimentos de escolha profissional em programas de preparação para o trabalho; e (j) desenvolver uma formação profissional mais ampla para o indivíduo, que considere os direitos e deveres deste indivíduo enquanto trabalhador (Mendes, Nunes, Ferreira, Silveira, 2004, p. 116).

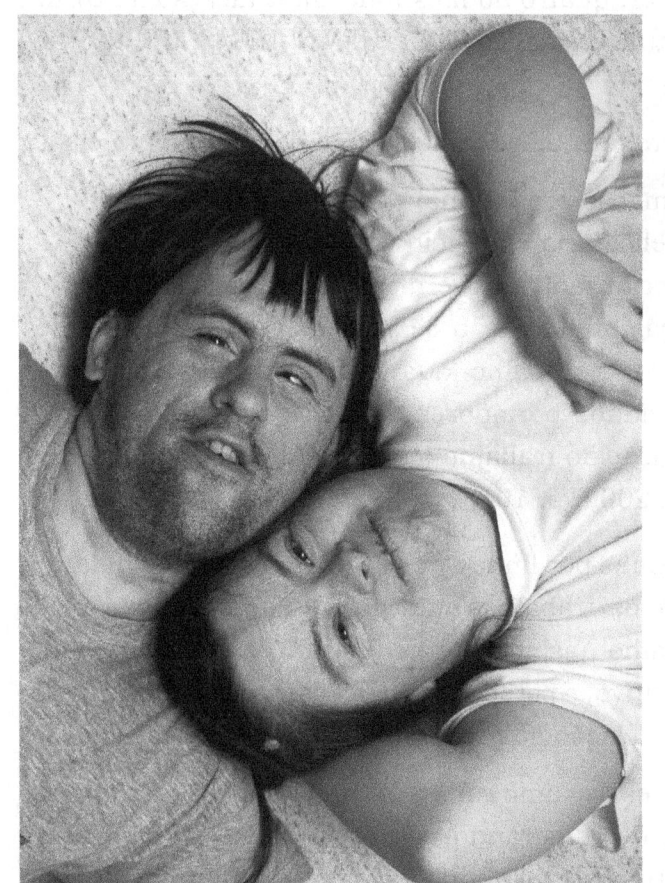

Neste estudo é possível observar que muito se pesquisa sobre a deficiência intelectual, no entanto, atualmente ela continua sendo a deficiência com a menor pretensão salarial no mercado de trabalho.

Figura 2.4 – Jovens com síndrome de Down.

As pesquisas avançaram ao longo dos anos, apesar de continuar sendo uma luta constante para a inclusão da pessoa com deficiência. As orientações são mais precisas e os direitos nesta época já estavam garantidos.

> *PARA SABER MAIS! Se você quiser ter acesso ao texto de Mendes, Nunes, Ferreira e Silveira acesse <http://pepsic.bvsalud.org/scielo.php?pid=S1413-389X2004000200003&script=sci_arttext>. Acesso em: 29 maio 2015.*

De 2002 a 2012

Na dissertação de Silva (2013), a autora faz um levantamento bibliográfico de 10 anos, entre 2002 e 2012. Em sua pesquisa bibliográfica, a autora encontrou 112 publicações, entre elas 101 dissertações e 11 teses.

Dos dados estatísticos relatados, a maior parte deles foi publicada na área de humanas. O ano de 2011 é o mais representativo em quantidade de publicações, e a região Sudeste é a que mais tem trabalhos na área de profissionalização.

A autora também categorizou as teses e dissertações, divididas por palavras-chave de sua pesquisa nos repositórios nacionais: preparação profissional e pessoa

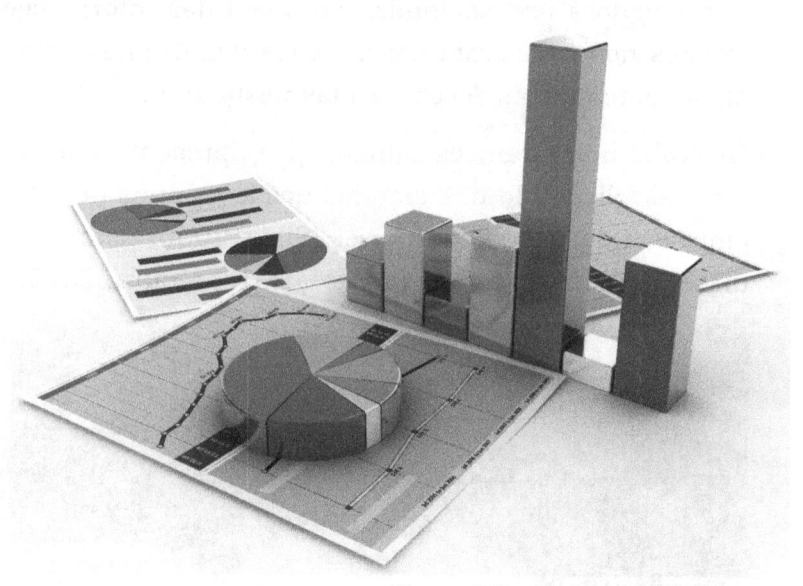

Figura 2.5 – Dados estatísticos.

com deficiência; empregabilidade da pessoa com deficiência; preparação e inserção da pessoa com deficiência no mercado de trabalho.

Após a leitura e categorização das teses e dissertações, a autora levantou os artigos produzidos na área e encontrou 58 (monografias, capítulos de livros, anais, resumos etc.) com os mesmos dados estatísticos representados pelas teses e dissertações.

Ao final de seu levantamento, a autora destacou que vários estudos discutiram a inserção da pessoa com deficiência no mercado de trabalho. A maioria deles enfatizou a Lei de Cotas e a visão empresarial perante a pessoa com deficiência. Outros trabalhos tentaram compreender as dificuldades e potencialidades dessas pessoas, visando a desenvolver adaptações para elas. Outras, ainda, investigaram os motivos da contratação ou não contratação desses profissionais. Houve as que investigassem os benefícios da contratação da pessoa com deficiência nas empresas.

Por mais antigas que possam ser as pesquisas, ainda não é possível garantir a inclusão da pessoa com deficiência no mercado de trabalho no período atual. Claro que os diversos estudos colaboraram para a conscientização e reafirmam a importância da legislação, que não deve ser o único motivo para a contratação. No entanto, há anos tem sido produzido o conhecimento científico e desde 1960 é evidenciado que a formação profissional pode colaborar para a contratação do profissional (indicado para a deficiência intelectual), porém, ainda não há uma fórmula para melhorar as ofertas e condições de trabalhos.

2. O que alguns estudos têm a nos dizer?

Para tentarmos compreender o cenário nacional sobre questões metodológicas relacionado à profissionalização, além das informações que os três estudos anteriores nos trouxeram sobre dados das últimas cinco décadas, vamos conhecer algumas temáticas desenvolvidas nesta área.

Os trabalhos foram escolhidos por apresentarem as questões centrais do que tem sido discutido nos estudos desde os anos de 1960 até hoje. Assim, veremos cinco estudos, sendo três teses (Silva, 2000; Campos, 2006; Caruso 2012) e duas dissertações mais atuais (Santos, 2013; Moura, 2013).

Figura 2.6 – Leitura!

Deficiência mental

A tese de Silva (2000) é intitulada *A educação profissional de pessoas com deficiência mental*. Como informamos anteriormente, não utilizamos o termo "mental", e, sim, "intelectual". Contudo, temos o dever de apresentar o termo utilizado pela autora em seu título. Outrossim, no decorrer da apresentação do trabalho optaremos pelo termo "intelectual".

A autora, em sua pesquisa, fez um levantamento de todo o material documental sobre a proposta prática da educação profissionalizante de pessoas com deficiência intelectual nas instituições que mais trabalham com essa condição no Brasil - as Apaes. Ela optou pelas Apaes do Estado de São Paulo.

A profissionalização é um direito do homem, sem distinção. Portanto, todas as pessoas, inclusive as com deficiência, têm este direito. Contudo, a autora observa que para pessoas com deficiência intelectual é quase inexistente o campo de trabalho, devido ao fato de a deficiência ser considerada não satisfatória para o retorno imediato de resultados ou lucros. Por esta razão, pessoas com deficiência não são absorvidas no mercado de trabalho, que é altamente competitivo (Silva, 2000).

Com o objetivo de realizar de forma ampla um levantamento documental para explicar as tendências marcantes da história das Apaes, Silva (2000) fez buscas em diversos campos, como saúde, psicologia, legislação, trabalho, educação da própria organização da instituição, de forma a fazer recortes do aprofundamento do tema "educação profissional", cruzando os dados dos processos históricos que permearam a constituição do processo de profissionalização pelas Apaes de São Paulo.

A pesquisa teve uma metodologia **empírica** e documental de análise de dados **qualitativos** e **quantitativos**, que requer a compreensão dos sujeitos envolvidos como indivíduos sociais, capazes de produzir conhecimentos necessários para a compreensão do mundo que vivem (Silva, 2000).

Para poder compreender a realidade sobre o processo de apreensão do conhecimento relacionados à pessoa com deficiência intelectual, para a sua formação profissional e a sua inserção no mercado de trabalho, a pesquisadora optou pela Apae por ser uma instituição de referência em deficiência intelectual no país.

Dentre os resultados, a autora constatou que a modernização industrial implantada no Brasil trouxe consequências excludentes, haja vista que produziu e continua a produzir **arrochos salariais** constantes e progressivos: perdas de direitos que historicamente foram adquiridos pelos trabalhadores, perda da força sindical que dava manutenção da garantia de direitos dos trabalhadores, redução constante de postos de trabalho, aumento da marginalidade, exclusão social em todos os sentidos, surgimento do **lumpemproletariado**, entre tantas outras consequências.

Devido a essas mudanças, é possível destacar que os maiores prejudicados são as pessoas com deficiência, em especial a pessoa com deficiência intelectual, pois o país passou a enfrentar problemas gerados pelas novas tecnologias, com a globalização da educação, da formação e qualificação do profissional, fazendo que muitos não tivessem acesso a estas informações de imediato, ficando à margem da educação e profissionalização (Silva, 2000).

Destaca ainda a estudiosa que para a pessoa com deficiência intelectual, diante do avanço tecnológico, foi necessária a incorporação de novos métodos na educação profissional, mas que não garantiam o acesso ao mercado formal de trabalho, haja vista que o mercado demonstrava aquecimento para formações especializadas, postos de trabalhos manuais sendo cada vez mais reduzidos, entre tantos outros fatores.

Outro ponto de extrema importância que a autora não deixa de citar ao estudar o histórico das Apaes é que, o que prejudicou ainda mais o acesso ao trabalho para a pessoa com deficiência intelectual foi a inadequação, assumida primeiramente pelo próprio **capital**, das técnicas antigas de **adestramento**, utilizadas em larga escala pelas instituições que desenvolvem a educação profissional, especialmente para as pessoas com deficiência. Estas ações, conforme cita a autora, foram inadequadas para a competição no mercado do trabalho em que estavam inseridas as novas tecnologias, as quais demandavam outro perfil de trabalhador. Ademais, na época o conceito de emprego estava em transição. As técnicas centradas em aspecto manual, repetitivo, isolado e imediatista para tarefas simples já não garantiam emprego.

A autora finaliza que, apesar de tudo, as Apaes de São Paulo contribuíram significativa e eficazmente para o desenvolvimento pleno da pessoa com deficiência intelectual no aspecto da inclusão social. Ela observa que as instituições foram essenciais para formar a pessoa com deficiência como cidadão, apesar de não ter conseguido acompanhar as mudanças que foram bruscas no mercado de trabalho. Para ela, o mercado de trabalho tornou-se ainda mais excludente. Por isso, deve--se pensar em adequações e formações para o sujeito ter acesso a ele.

> *PARA SABER MAIS! Se você quiser ter acesso ao texto de Silva acesse: <http://www.bibliotecadigital.unicamp.br/document/?code=vtls000195539>. Acesso em: 29 maio 2015.*

Treinando as habilidades

Prosseguindo com os estudos escolhidos, na tese de Campos (2006) intitulada *Programa de habilidades sociais em situação natural de trabalho de pessoas com deficiência: análise dos efeitos*, a autora buscou pesquisar os efeitos de um programa de treinamento de habilidades sociais em situação natural de trabalho de pessoas com deficiência. Para isso, foram elaborados e validados instrumento de avaliação do repertório de habilidades sociais.

Na pesquisa, Campos (2006) discute a necessidade de trabalhar as habilidades sociais das pessoas com deficiência, e não somente inseri-las no local de trabalho. Assim, o programa de treinamento selecionou três pessoas, duas com deficiência intelectual e uma com deficiência física, que trabalham como empacotadoras em supermercados. Inicialmente, relataram terem se sentido discriminadas e, ainda, apresentavam preconceito com sua própria deficiência, além de não se envolverem socialmente com os colegas de trabalho.

Campos (2006), para elaborar instrução de avaliação, aplicou seu instrumento em uma fase piloto, na primeira etapa, e após serem definidos os itens de habilidades sociais (Tabela 2.1) a serem investigados partiu para a segunda etapa, cujo intuito era validar a escala de habilidades sociais.

Tabela 2.1 – Caracterização dos indicadores de habilidade

Indicadores	Definição operacional
Prestar atenção	Dirigir a atenção à atividade que está sendo realizada por meio do olhar
Seguir instruções	Atender as solicitações fornecidas pelo outro
Ter agilidade	Realizar a tarefa com destreza e rapidez
Ter persistência	Realizar todas as etapas das tarefas: começo, meio e fim
Ter iniciativa	Dar princípio à maioria das tarefas sem ser solicitado
Ser cuidadoso	Zelar para que não ocorra nenhum incidente durante a realização da tarefa
Ser caprichoso e preciso	Realizar a tarefa com apuro e clareza
Conversar olhando para a pessoa	Manter contato visual com o interlocutor durante a conversação
Ser pontual	Chegar no horário ao local de trabalho
Demonstrar expressão facial	Expressar emoções como alegria, raiva, tristeza, surpresa, nojo, medo manifestada através da palidez, rubor, choro, sorriso, movimento das sobrancelhas e dos olhos
Responder prontamente	Responder logo em seguida ao que lhe foi perguntado
Ser prestativo para ajudar se solicitado	Estar sempre pronto para servir quando solicitado

Indicadores	Definição operacional
Apresentar boa aparência	Apresentar-se adequadamente, com barba aparada, cabelo penteado e vestuário limpo
Perguntar se há algo para fazer	Solicitar a informação se há algo a fazer quando estiver ocioso
Solicitar ajuda	Buscar auxílio quando apresentar dificuldade na realização da tarefa
Atender quando solicitado	Prestar auxílio quando requerido por outra pessoa
Oferecer assistência	Apresentar auxílio espontaneamente a outra pessoa
Usar palavras Por favor e Obrigado	Utilizar formas delicadas de conversação, tais como "obrigado" e "por favor"
Expressar discordância de opiniões	Manifestar diferença de opiniões do interlocutor
Conseguir argumentar	Apresentar argumentos, sustentar controvérsias
Defender seus direitos	Preservar seus direitos, ter conhecimento de seus direitos
Fazer escolhas	Poder optar por duas ou mais pessoas ou coisas
Expressar sentimento de amizade	Manifestar solidariedade, colaboração, fazer amizades junto aos colegas de trabalho
Expressar sentimento de desagrado	Manifestar-se a respeito de algo de que não gostou, por meio de um comentário ou uma opinião
Conversar sobre suas necessidades pessoais	Falar sobre seus interesses, ideias, vontades, preferências
Consideração pelos sentimentos dos outros	Demonstrar compreensão sobre o que alguém pensa e sente, por meio de expressão facial, gestual, palavra amiga
Tratar com respeito seus superiores	Compreender o papel e a legitimidade da posição de autoridade
Pedir desculpas	Admitir seus erros em suas interações com os demais por meio de conversa

Fonte: Campos (2006, p.73-74).

De acordo com Campos (2006), para registrar a pontuação sobre as habilidades sociais, o avaliador deve escolher entre 0 e 4:

0) o trabalhador não realiza a habilidade social;

1) o trabalhador raramente emite a habilidade social e necessita melhorar seu desempenho, pois o nível de qualidade está muito abaixo do esperado;

2) o trabalhador às vezes emite a habilidade social, porém o desempenho tem nível de qualidade regular, mas próximo ao esperado;

3) o trabalhador frequentemente emite a habilidade social, sendo bom o nível de qualidade do desempenho, ou seja, está dentro do esperado;

4) o trabalhador sempre emite a habilidade social, sendo muito bom o nível de qualidade do desempenho, conforme o esperado.

Para caracterizar os sujeitos, Campos (2006) realizou entrevistas com os participantes para levantar a respeito de sua história pessoal e profissional, assim como buscou verificar a opinião dos supervisores acerca das habilidades dos sujeitos.

Uma das participantes era uma moça que não aceitava sua deficiência física e sentia-se excluída. Às vezes, tratava mal os clientes e, em uma primeira sondagem de habilidades, apresentou nível médio de 57% de seu desempenho. Durante algumas sessões de acompanhamento da autora eram dadas orientações sobre o que poderia melhorar seu desenvolvimento final. Na última sondagem, foram apresentados resultados médios de 70%, um resultado positivo. Foi orientado aos supervisores da funcionária para que fizessem as manutenções de orientações e o reforço positivo em suas habilidades.

Outro participante era um rapaz com deficiência intelectual relacionada à psicopatia. Ele tinha grandes dificuldades de relacionamento dentro e fora do trabalho. Com um humor que oscilava muito, desistia rapidamente das tarefas que tinha de executar, ausentando-se, inclusive, do expediente. Além disso, tratava mal os clientes. Na primeira sondagem de habilidades sociais ele apresentou 49% de seu desempenho total. Durante algumas sessões e orientações com a pesquisadora, o sujeito oscilou bastante nos resultados, finalizando com 69%, em razão de ser uma pessoa difícil de se relacionar, conforme as palavras da autora.

O terceiro e último sujeito da pesquisa de Campos (2006) foi um rapaz também com deficiência intelectual. Ele demonstrou ser uma pessoa tranquila e todos do serviço gostavam muito dele. O avaliado, inclusive, dizia ter uma namorada. Na primeira sondagem o rapaz apresentou o nível médio de habilidade em 53%. Como o participante já tinha um histórico positivo nas relações, ele apresentou melhoras no seu desempenho em curto prazo, fechando as sessões com o desenvolvimento acima de 70%. A autora orientou a equipe para que continuasse a manutenção e os *feedbacks* positivos de seu trabalho.

Diante da pesquisa de Campos (2006) é possível notar que foram encontrados aspectos importantes em relação às interações sociais de trabalhadores com deficiência. De certa forma, os três apresentaram aspectos positivos, por isso a importância de orientações e manutenção de comentários positivos no trabalho.

PARA SABER MAIS! Se você quiser ter acesso ao texto de Campos acesse: <http://www.bdtd.ufscar.br/htdocs/tedeSimplificado/tde_arquivos/9/TDE-2008-04-16T13:05:54Z-1788/Publico/1724.pdf>. Acesso em: 29 maio 2015.

Muitas pesquisas realizadas depois de 1991 tiveram enfoque na Lei de Cotas, demonstrando que o direito de contratação dessas pessoas está salvaguardado. Nessa linha de pesquisa, Caruso (2012) publicou a pesquisa intitulada *Reverberação da Lei n 8.213/91 à luz das concepções de deficiência: estudo de caso sobre o programa de sensibilização gerencial em uma organização privada de ensino profissionalizante.*

A pesquisa de Caruso (2012) foi motivada pelas tentativas das empresas em tentar adequar-se à Lei de Cotas; apesar de ainda apresentar certo preconceito e estigmas socialmente construídos, já que os padrões de deficiência instituídos podem ou não ser "integrados" ao mercado de trabalho.

Acerca dos rebatimentos da Lei nº 8.213/91, a pesquisa de Caruso (2012) teve como o principal objetivo examinar as concepções de deficiência preponderantes dentro de uma organização privada de ensino profissionalizante, por meio do seu Projeto de Sensibilização Gerencial. Focado na metodologia de um estudo de caso que contempla as etapas iniciais da implementação do Programa de Valorização da Diversidade para a inclusão com deficiência na organização alvo da pesquisa.

Sessenta funcionários de uma empresa participaram da pesquisa. Essas pessoas aparentemente não apresentavam qualquer grau de deficiência. Além disso, praticamente todos os participantes tinham ensino superior completo. A amostra foi dividida em três grupos: dois grupos constituíam o estudo piloto da pesquisa; o terceiro grupo era formado pelo gerente e a superintendência de produtos educacionais, os quais eram os participantes do estudo principal da pesquisa.

Para justificar a pesquisa, Caruso (2012) apresenta os dados do Ministério do Trabalho e Emprego, em que afirmam que a integração no mercado de trabalho foi de 143.631 pessoas com deficiência desde 2005 e que, inicialmente, os empresários não acreditavam que a Lei de Cotas sairia do papel. No entanto, a Delegacia Regional do Trabalho começou a convocar as empresas e a passar as multas equivalentes. Por esse motivo, muitos tiveram que recorrer às ONGs e às instituições em busca de pessoas com deficiência.

Nesse sentido, para fins de cumprimento dos objetivos da pesquisa, a autora optou por colaborar no Projeto de Sensibilização Gerencial para Inclusão de Pessoas com Deficiência, abrigado pelo Programa de Valorização da Diversidade da Empresa, alvo dessa investigação. Como a autora já era consultora da empresa escolhida, tinha posse dos resultados obtidos a partir da análise do processo de sensibilização gerencial e conhecia as necessidades e experiências da empresa, que colaborou na coleta de dados.

Ao coletar dados com os grupos, a autora descobriu, diante das perguntas sobre a aceitação de pessoas com deficiência como colega de trabalho, que atualmente mais de 80% dos resultados são satisfatórios, que eles saberiam lidar com a situação e que acham "normal", mas a maioria indica que já sentiram ou sentem alguma forma de "pena" pela pessoa que tem alguma deficiência, inclusive se veem crianças nesta situação.

No entanto, a autora levanta que consegue, por meio de conversas informais, identificar que muitas das pessoas que respondem aos questionários indicam aquilo que é o "correto", mas não acreditam de fato na inclusão de pessoas com deficiência no mercado de trabalho por não apresentarem disposição necessária e por estarem protegidas por lei. Foi possível perceber esse tipo de opinião no momento em que foram ofertados os **workshops** e alguns setores não aceitaram, dando a justificativa de estarem em período de intenso serviço. Porém, foram os setores indicados pelo departamento de Recursos Humanos para participar da formação, já que são aqueles que contratam pessoas com deficiência.

A autora conclui que ainda há muito o que discutir sobre a inclusão da pessoa com deficiência no mercado de trabalho, pois é necessária a conscientização de que o portador de deficiência pode, assim como qualquer outra pessoa, desenvolver atividades laborais, e as empresas devem realizar a contratação por ess motivo e não apenas para cumprir a lei.

PARA SABER MAIS! Se você quiser ter acesso ao texto de Caruso acesse: <http://ppfh.com.br/wp-content/uploads/2014/09/Tese-NORMALIZADA.pdf>. Acesso em: 29 maio 2015.

As duas últimas pesquisas a serem apresentadas são dissertações mais atuais, do ano de 2013: a primeira de Moura (2013), que publicou o trabalho intitulado de *A política de inclusão na educação profissional: o caso do Instituto Federal de Pernambuco/Campus Recife.*

Em seu estudo, a referida autora, para fundamentar a necessidade de formação para a prática laboral, fez um levantamento de vários documentos que dão o direito à pessoa com deficiência de frequentar o ensino, seja na escolarização ou no ensino profissionalizante, tendo em vista que, nas leis brasileiras, como o Decreto nº 3.298, de 20 de dezembro de 1999, há a garantia de que as pessoas com deficiência têm o direito à matrícula, além do ensino infantil, ao ensino fundamental, médio, de instituições públicas ou privadas de educação profissional.

Pautada nos documentos oficiais, ela buscou investigar o Instituto Federal de Pernambuco/*Campus* Recife para analisar a política de inclusão deste instituto entre os anos de 2005 a 2013.

Para ser possível desenvolver o estudo, a opção da autora foi uma pesquisa qualitativa, com a estratégia de estudo de caso em que foi iniciado por um levantamento bibliográfico e, após, a entrevista semiestruturada com três estudantes portadores de deficiência física que frequentaram o instituto no período de 2005 a 2012.

O levantamento de dados indicou que, para ingressar no instituto, não houve problemas relatados pelas pessoas com deficiência. No entanto, quanto às questões arquitetônicas que permitem acesso e permanência no local, foram apontados alguns problemas por dois dos três participantes, que indicaram haver a necessidade de adequação do ambiente a fim de evitar constrangimentos (Moura, 2013).

Quando a autora questionou sobre a acessibilidade nos recursos educacionais, como os três participantes tinham deficiências físicas, eles relataram não terem tido a necessidade de adaptações severas nos conteúdos pedagógicos, uma vez que conseguiram frequentar as aulas sem dificuldades. Suas necessidades estavam relacionadas, mesmo, às questões físicas, como cadeiras nas salas de aula e aplicação de prova, tendo em vista que dois deles não conseguiam escrever no papel. Nesta situação, a estratégia foi a aplicação de prova oral. Ainda assim, foi apontado certo constrangimento por parte de um dos alunos, já que a prova oral o inibia. A sugestão foi a aplicação de prova feita pelo computador.

Na questão sobre o trabalho, após a conclusão do curso, apesar de nenhum deles estar trabalhando na área de sua formação, eles indicaram que os estudos auxiliaram em alguns aspectos, principalmente na questão de darem palestras ou ministrarem aulas sobre a sua deficiência ou formação, mas que eles estão contratados e trabalhando.

O estudo de Moura (2013), apesar de ter se utilizado de uma amostra pequena e de apenas pessoas com deficiência física, apresentou a importância que as instituições têm para a formação de um profissional, nas questões de acessibilidades em infraestrutura, pedagógicas e atitudinais, para que eles possam ter permanência e consigam concluir a sua formação.

*P*ARA SABER MAIS! *Se você quiser ter acesso ao texto de Moura acesse: <http://tede.biblioteca.ufpb.br/handle/tede/4751>. Acesso em: 29 maio 2015.*

Para finalizar, apresentamos o estudo de Santos (2013), cujos levantamentos bibliográficos dos anos 2002 a 2012 de sua dissertação já apresentamos.

A pesquisa teve como objetivo investigar como estão sendo preparadas as pessoas com deficiência para o mercado de trabalho e como tem sido sua inserção. Os participantes da pesquisa foram seis pessoas que concluíram um curso profissionalizante e estavam inseridas no mercado de trabalho; cinco docentes de cursos profissionalizante; e três representantes de uma empresa que foram entrevistados.

Os dados da autora demonstraram que os seis participantes com deficiência entrevistados não tiveram dificuldades para ingressar no mercado de trabalho. No histórico de experiências anteriores, um disse nunca ter trabalhado, enquanto os demais disseram que em seus serviços todos que pediram para sair nunca foram mandados embora.

Quando a autora perguntou se durante os estudos para a formação profissional houve preconceito, todos indicaram não terem vivenciado preconceito, assim como não perceberam haver no serviço atual. A deficiência para eles é algo tão normal que não a percebem no dia a dia. Nesta mesma direção os representantes da empresa disseram que pessoas com deficiência colaboram muito e que acham importante o seu trabalho, que não há discriminação e que a empresa tenta adequar o máximo para que eles consigam produzir tanto quanto os demais. Já os docentes entrevistados disseram que há dificuldade de ensinar, pois há a carência de material que auxilie os professores. Todavia, ao final do curso, eles sentem que formaram profissionais capacitados para o trabalho.

Na pesquisa de Santos (2013), concluiu-se que a inclusão ocorre, que as pessoas com deficiência entrevistadas e os responsáveis da empresa que os contrataram admitem não haver problemas com a contratação da pessoa com deficiência, demonstrando que oportunidades estão ocorrendo em certos campos de trabalho.

3. Considerações finais

Diversos estudos foram publicados sobre a profissionalização e o trabalho da pessoa com deficiência, com diversas metodologias aplicadas. Diante do panorama apresentado, podemos concluir que a inclusão está ocorrendo vagarosamente, mas está. A Lei de Cotas pode ser um tema amplamente discutido. Há quem concorde e há quem discorde. No entanto, é inegável diante do que podemos observar dos últimos cinquenta anos, a importância da legislação para garantir o direito da pessoa com deficiência.

Ainda há assunto para discutir com tantos estudos na área? Sim, ainda há! Muitos temas não foram finalizados, pessoas com deficiência continuam sendo excluídas, é fato que empresas buscam pelas deficiências mais leves, as pesquisas giram em torno das deficiências intelectuais e físicas e há outras que precisam de estudos, mas isso é assunto para a próxima unidade.

Glossário – Unidade 2

Adestramento – ato de tornar capaz, aprender a ter habilidades em alguma coisa ou preparar-se para algo.

Anais – organização de variadas obras científicas apresentadas em um tema específico do ano de um evento.

Arrochos salariais – consequência de uma política salarial em que o salário não acompanha os reajustes da inflação.

Capital – bens disponíveis, patrimônio, riqueza ou dinheiro destinado a alguma coisa.

Categoria – organização de alguns elementos do texto acadêmico sistematizada por alguns critérios que poderá ser dividido em grupos – semântico, funcional, por temática, entre outros.

Dissertação – trabalho de escrita científica e acadêmica, produto final apresentado em mestrados.

Empírico – estudo baseado nas experiências vividas.

Lumpemproletariado – classe da camada social mais carente e marginalizada, destituída de recursos econômicos.

Periódicos – organização de variadas obras científicas apresentadas em revistas ou jornais acadêmicos.

Qualitativo – tipo de pesquisa que pode apresentar diferentes técnicas interpretativas para descrever os dados obtidos da experiência relatada pelo sujeito entrevistado, questionado etc.

Quantitativo – método de pesquisa para apresentar dados quantitativos e estatísticos de informações ou opiniões.

Repositórios nacionais – ambientes virtuais que possibilitam a interação entre os usuários ao disponibilizar materiais digitais que podem ser pesquisados, feito *download*, compartilhado, entre outras interações.

Tese – trabalho de escrita científica e acadêmica, produto final apresentado em doutorados.

Workshop – seminário ou curso intensivo de curta duração sobre determinada temática escolhida.

UNIDADE 3
AS LEGISLAÇÕES E OS PROBLEMAS DE INVESTIGAÇÃO NA ÁREA DA PROFISSIONALIZAÇÃO DAS PESSOAS COM DEFICIÊNCIA

Capítulo 1 Introdução , 48

Capítulo 2 Legislação do Brasil para pessoas com deficiência, 48

Capítulo 3 A investigação da profissionalização, 57

Capítulo 4 Considerações finais, 60

Glossário, 62

1. Introdução

Depois de sabermos que diversas metodologias já foram utilizadas para discutir sobre variados temas da profissionalização da pessoa com deficiência, vamos tentar reconhecer quais ainda são os principais problemas de investigação sobre esta temática. Para isso, primeiro vamos compreender a contribuição do país em legislação para a pessoa com deficiência no mercado de trabalho, haja vista que é possível perceber que a Lei nº 8.213, de 1991, foi um divisor de águas para essas pessoas, que apesar de não ter solucionado o problema, garantiu a obrigatoriedade de contratação. Desse modo, muitas tiveram oportunidade de ingressar no mercado de trabalho, por meio de cotas. No entanto, o país é rico em leis e decretos que garantem o direito da pessoa com deficiência. Muitas orientações, informações e planos já foram promulgados para tentar colaborar com a inserção dessas pessoas no mercado de trabalho, mas ainda é possível encontrar dificuldades para a inclusão de todos e estudos poderão vir a contribuir com o que já orientam as legislações.

2. Legislação do Brasil para pessoas com deficiência

O Brasil, em comparação a outros países, demonstra estar avançando na legislação para atender as necessidades das pessoas com deficiência, com suas leis e decretos. Fundada em 1919, a Organização Internacional do Trabalho (OIT) lançou **recomendações** sobre a profissionalização da pessoa com deficiência – algumas **ratificadas** pelo país por meio de decretos, o qual uma de suas funções é regulamentar a lei, criando meios necessários para a sua execução, no entanto, diferente de uma lei, o decreto não obriga a fazer ou deixar de fazer algo.

Apesar disso, alguns decretos foram importantes para a regulamentação do trabalho da pessoa com deficiência. Em 1960, por exemplo, a recomendação nº 111 da OIT tratou da **discriminação** do emprego baseada por raça, cor, sexo, religião, entre outros. A convenção teve por finalidade promover a igualdade de oportunidades no trabalho, além da inserção da pessoa com deficiência, sem que haja discriminação. O Brasil ratificou esta convenção no ano de 1968, através do Decreto nº 62.150, de 1968, em que previa:

a) Toda distinção, exclusão ou preferência fundada na raça, cor, sexo, religião, opinião política, ascendência nacional ou origem social, que tenha por efeito destruir ou alterar a igualdade de oportunidades ou de tratamento em matéria de emprego ou profissão;

b) Qualquer outra distinção, exclusão ou preferência que tenha por efeito destruir ou alterar a igualdade de oportunidades ou tratamento em matéria de emprego ou profissão, que poderá ser especificada pelo Membro Interessado depois de consultadas as organizações representativas de empregadores e trabalhadores, quando estas existam, e outros organismos adequados (Brasil, 1968, art. 1º).

A OIT continuou outras recomendações e, em 1975, em Genebra, com a Convenção nº 142, promoveu a Orientação Profissional e a Formação Profissional no Desenvolvimento de Recursos Humanos, ratificada pelo Brasil por meio do Decreto nº 98.656, de 1989, em que previa, além de orientações para a formação profissional;

Todo Membro deverá desenvolver gradualmente seus sistemas de orientação profissional, incluindo informação constante sobe emprego, com vista a possibilitar a disponibilidade de informações abrangentes e de orientação mais ampla possível para todas as crianças, jovens e adultos, incluindo programas apropriados para pessoas com defeitos físicos e incapazes (Brasil, 1989a, art. 3º).

Apesar de as recomendações da OIT voltarem-se para todas as pessoas, a inserção no mercado de trabalho para a pessoa com deficiência ainda não era um assunto amplamente discutido, principalmente no Brasil. No entanto, no ano de 1983 na Conferência Geral da OIT, tomou-se conhecimento de que, a partir das normas de 1955 (não ratificadas no Brasil) e de 1975, registros significativos do progresso da compreensão da necessidade de reabilitação na organização dos serviços e nas legislações para as pessoas com deficiência dos países membros seriam ampliados.

A assembleia de 1981 proclamou o ano Internacional das Pessoas com Deficiências, com o tema "Participação plena e igualdade", e promoveu um programa mundial para que os países adotassem medidas eficazes para atingir a participação das pessoas com deficiência na vida social, alcançando as mesmas igualdades.

Considerando a Convenção nº 159, o Brasil lançou o Decreto nº 129 de 1991 em que orientava que todas as recomendações da Convenção seriam cumpridas sobre a reabilitação e emprego da pessoa com deficiência.

Alguns itens do decreto já previam compreender que as pessoas com deficiência têm a possibilidade de obter e conservar um emprego adequado. Garantias como a reabilitação profissional de pessoas com deficiência, para a obtenção e a conservação de um emprego, além de progressão e promoção no trabalho, bem como a integração e a reintegração na sociedade eram algumas das previsões contidas nas Convenções, que deveriam ser aplicadas a todas as categorias de deficiência.

É possível observar que a OIT teve uma importante participação para iniciar os direitos da pessoa com deficiência. Foi a partir das recomendações dela que oportunizou o Brasil lançar seus primeiros decretos, garantindo direitos, que foram progredindo, principalmente, com a Constituição Federal de 1988, que concedeu o direito constitucional a todos, sem distinções.

Após as ratificações da OIT, o país continuou a lançar novos decretos para auxiliar as pessoas com deficiência e, em 1999, regulamentou a Lei nº 7.853 sobre a Política Nacional para a Integração da Pessoa Portadora de Deficiência, que compreendia em um conjunto de orientações **normativas** que asseguravam o pleno exercício dos direitos individuais e sociais das pessoas com deficiência, com o Decreto nº 3.298, de 1999.

Ao regulamentar a Lei, após dez anos, permitiu-se definir o que é "deficiência", "deficiência permanente" e "incapacidade", e estabelecer o público alvo da deficiência em que ainda utilizava o termo "portadora de deficiência", que auxiliou a delimitar as pessoas que se enquadram nas cotas aplicadas na Lei nº 7.853.

O decreto regulamenta os principais assuntos: integração, pessoa com deficiência, seus direitos, orientação para o mercado de trabalho, concursos públicos, exercício pleno de seus direitos à educação, à saúde, ao trabalho, desporto, turismo, lazer, assistência social, transporte, habitação, cultura, entre outros (Brasil, 1999).

Para colaborar com o tema transporte, que auxilia na locomoção ao trabalho da pessoa com deficiência, por meio do Decreto n° 3.691, de 2000, regulamentou-se a Lei n° 8.899, de 1994, que dispõe sobre o transporte da pessoa com deficiência no sistema de transporte coletivo interestadual, destinando dois assentos para ocupações dos indivíduos beneficiados.

Para ser possível garantir, por meio da legislação, os direitos da pessoa com deficiência, se fazia necessário combater a discriminação que, apesar da Convenção da OIT e Decretos anteriores no país, o Brasil ainda apresentava preocupações com a segregação que sofria o portador de necessidades especiais. Destinado a mudar esse cenário, mais uma vez apresentaram a definição de deficiência com o Decreto nº 3.956, de 2001, assim como uma nova definição de "discriminação".

> O termo "discriminação contra as pessoas portadoras de deficiência" significa toda diferenciação, exclusão ou restrição baseada em deficiência, antecedente de deficiência, consequência de deficiência anterior ou percepção de deficiência presente ou passada, que tenha o efeito ou propósito de impedir ou anular o reconhecimento, gozo ou exercício por parte das pessoas portadoras de deficiência de seus direitos humanos e suas liberdades fundamentais (Brasil, 2001a, art. 1º).

Com o objetivo de eliminar a discriminação, se comprometem em:

> Tomar as medidas de caráter legislativo, social, educacional, trabalhista, ou de qualquer outra natureza, que sejam necessárias para eliminar a discriminação contra as pessoas portadoras de deficiência e proporcionar a sua plena integração à sociedade, entre as quais as medidas abaixo enumeradas, que não devem ser consideradas exclusivas (Brasil, 2001a, art. 3º).

Ainda no ano de 2001, foi lançada a Instrução Normativa n° 20, que veio colaborar com as normas sobre os procedimentos a serem observados para a fiscalização do trabalho no cumprimento da lei. Essa instrução normativa orienta os auditores-fiscais do trabalho no exercício da atividade de fiscalização sobre como está sendo o trabalho e contratação da pessoa com deficiência.

Já em 2004, o Decreto nº 5.296 regulamentou duas leis:

- Lei nº 10.048/2000: dá prioridade de atendimento às pessoas com deficiência e mobilidade reduzida.
- Lei nº 10.098/2000: estabelece as normas e os critérios para a promoção de acessibilidade.

Esse decreto colaborou para a inclusão de deficiências mais severas no mercado de trabalho, haja vista que trouxe modificações com relação às deficiências que podem ser contabilizadas para a cota legal em empresas, com mudanças significativas para as deficiências visual e auditiva.

Até esse decreto, estavam sendo contratadas apenas aquelas pessoas com deficiências mais leves. O decreto deu garantias de acessibilidade complementadas, pelas Normas Técnicas.

> Cabe às **empresas concessionárias** e **permissionárias** e as instâncias públicas responsáveis pela gestão dos serviços de transportes coletivos assegurarem a qualificação dos profissionais que trabalham nesses serviços, para que prestem atendimento prioritário às pessoas portadoras de deficiência ou com mobilidade reduzida (Brasil, 2004, art. 37).

Para finalizar os decretos que colaboraram significativamente com a pessoa com deficiência, relembramos o Decreto nº 5.629, de 2005 que institui a Língua Brasileira de Sinais (Libras) como obrigatória nos cursos de formação de professores no exercício do magistério, em nível médio e superior e nos cursos de fonoaudiologia, de instituições de ensino, públicas e privadas de todas as universidades do Brasil.

Apesar de ser na educação e não na profissionalização especificamente, espera-se que esse contribua consideravelmente para a pessoa com deficiência auditiva, haja vista que há muita dificuldade de comunicação entre elas e é esperado que com o ensino básico de Libras se possibilite que mais pessoas conheçam os sinais desde a escola, que, por si, reflete na sociedade.

Destacamos o Decreto nº 6.949 de 2009, que confere *status* de **emenda constitucional** à Convenção das Nações Unidas sobre os Direitos das Pessoas com Deficiência. Esse decreto vem reafirmar o compromisso e a obrigação da comunidade internacional de garantir, em seu território, a equiparação de oportunidades da pessoa com deficiência, com igualdade a todos.

O decreto relembra os princípios da Carta das Nações Unidas, que reconhecem dignidade, valores e

Figura 3.1 – Língua de sinais.

direitos em igualdade a todos, com o fundamento da liberdade, justiça e paz no mundo; reconhece a Declaração Universal dos Direitos Humanos e nos Pactos Internacionais sobre os Direitos Humanos, que proclamam e concordam que todas as pessoas fazem jus a todos os direitos e liberdade estabelecidos sem nenhuma distinção; reafirma a universalidade, a indivisibilidade, a **interdependência** e as inter-relações de todos, inclusive garante que todas as pessoas com deficiência exerçam plenamente seus direitos, sem discriminação; relembra todos os pactos internacionais que estabelece os direitos de todos, sem distinção; dentre tantas orientações e reafirmações, reconhece que o conceito da deficiência em que está "em evolução e que a deficiência resulta da interação entre pessoas com deficiência e as barreiras devidas às atitudes e ao ambiente que impedem a plena e efetiva participação dessas pessoas na sociedade em igualdade de oportunidades com as demais pessoas" (Brasil, 2009, preâmbulo).

Esse decreto se destaca por proporcionar orientações plenas para a participação de todos em sociedade, garantindo o direito de todos sem que haja discriminação, equiparando as oportunidades a fim de efetivar os direitos de cidadania, apresentando os propósitos, principais definições e conceitos, dentre tantas orientações que são importantes para garantir o bem-estar e a relação com a pessoa com deficiência.

PARA SABER MAIS! O Decreto nº 6.949 de agosto de 2009 é completo em apresentar todas as orientações até a data de sua publicação para a pessoa com deficiência. Trata-se de uma legislação que contempla o direito de todos. Para ler o decreto completo acesse: <http://www.planalto.gov.br/ccivil_03/_ato2007-2010/2009/decreto/d6949.htm>. Acesso em: 6 junho 2015.

Colaborando com as informações do Decreto n° 6.949, de 2009, o governo federal lançou por meio do Decreto nº 7.612, de 2011, o Plano Nacional dos Direitos da Pessoa com Deficiência – Plano Viver Sem Limites, cuja finalidade, baseada na integração e nas articulações políticas, é promover o exercício pleno e equitativo dos direitos das pessoas com deficiência, nos termos da Convenção Internacional sobre os Direitos das Pessoas com Deficiência e seu Protocolo Facultativo. O plano que envolve várias áreas de atuação para a pessoa com deficiência, desde acesso à educação, saúde, inclusão social, acessibilidade, trabalho, entre outros, deve ser executado pela União em colaboração com os estados, o Distrito Federal, os municípios e a sociedade.

O Plano Viver sem Limites propõe auxílio para colaborar com a inserção das pessoas no mercado de trabalho (Brasil, 2011).

*PARA SABER MAIS! Conheça o Plano Viver Sem Limites. E conheça também o Programa Social para Auxiliar a Pessoa com Deficiência no Mercado de Trabalho. Viver sem Limite promoveu alterações na legislação referente ao **BPC**, como a garantia de retorno ao benefício a quem solicita a suspensão para trabalhar, mas, posteriormente, perde o emprego – sem necessidade de novo requerimento e avaliação. Outra alteração importante refere-se ao beneficiário contratado como aprendiz, que poderá acumular o salário de aprendiz com o valor do BPC por dois anos. O BPC Trabalho foi criado para atender prioritariamente beneficiários entre 16 e 45 anos que querem trabalhar, mas encontram dificuldades para inserção profissional. O Viver sem Limite prevê a inclusão de 50 mil beneficiários nas redes socioassistenciais, após visitas domiciliares e busca ativa. As ações são realizadas por equipes dos **CRAS**, articuladas com profissionais de educação, qualificação profissional e do **Acessuas Trabalho**, para inserção na rede de serviços das políticas sociais, nos cursos do **Pronatec** ou outros cursos de qualificação profissional. Disponível em: <http://www.pessoacomdeficiencia.gov.br/app/sites/default/files/arquivos/%5Bfield_generico_imagens-filefield-description%5D_0.pdf>. Acesso em: 6 junho 2015.*

Apesar de serem importantes, os decretos não têm obrigatoriedade perante a lei, conforme está previsto no art. 5º, inciso II, da Constituição Federal:

> [...] ninguém será obrigado a fazer ou deixar de alguma coisa senão em virtude de lei.

Por essa razão, apresentaremos também as leis que auxiliaram ou auxiliam a inserção e inclusão das pessoas com deficiência no mercado de trabalho.

Como já comentamos, a Lei nº 7.853, de 1989, foi regulamentada por meio do Decreto nº 3.298. A lei veio contribuir com o apoio às pessoas com deficiência para a sua integração social, ao tratar da Coordenadoria Nacional para Integração da Pessoa Portadora de Deficiência (Corde). Ela instituiu a tutela jurisdicional de interesses coletivos ou difusos dessas pessoas, disciplinas e atuação do Ministério Público, definindo os crimes e apresentando providências para eles, conforme apresentado:

Constitui crime punível com reclusão de 1 (um) a 4 (quatro) anos, e multa:

I - Recusar, suspender, procrastinar, cancelar ou fazer cessar, sem justa causa, a inscrição de aluno em estabelecimento de ensino de qualquer curso ou grau, público ou privado, por motivos derivados da deficiência que porta;

II - Obstar, sem justa causa, o acesso de alguém a qualquer cargo público, por motivos derivados de sua deficiência;

III - negar, sem justa causa, a alguém, por motivos derivados de sua deficiência, emprego ou trabalho;

IV - Recusar, retardar ou dificultar internação ou deixar de prestar assistência médico-hospitalar e ambulatorial, quando possível, à pessoa portadora de deficiência;

V - Deixar de cumprir, retardar ou frustrar, sem justo motivo, a execução de ordem judicial expedida na ação civil a que alude esta Lei;

VI - Recusar, retardar ou omitir dados técnicos indispensáveis à propositura da ação civil objeto desta Lei, quando requisitados pelo Ministério Público (Brasil, 1989b, art. 8).

Outra lei que já comentamos por diversas vezes em nossas unidades é a Lei nº 8.213, de 1991. Trata-se da Lei de Cotas, que estabelece reservas de vagas para pessoas com deficiência ou que sofreram acidentes de trabalho, beneficiários da Previdência Social, indicando a obrigatoriedade para as empresas com mais de cem funcionários, variando entre 2 a 5% para os postos de trabalho. Além disso, prevê a "proibição de qualquer ato discriminatório com relação a salário ou critério de admissão do emprego em virtude da sua deficiência" (Brasil, 1991b, art. 93).

Na Lei de Cotas é prevista a dispensa dos trabalhadores reabilitados ou com deficiência ao final de contrato por prazo determinado de mais de noventa dias. A dispensa de contratação de prazos indeterminados só poderá ser feita quando houver a contratação de um substituto nas mesmas condições do último contratado. É função do Ministério do Trabalho e Emprego fornecer aos sindicatos ou entidades representativas dos empregados, quando solicitado, as informações estatísticas, o total de empregados e as vagas preenchidas por reabilitados ou pessoas com deficiência (Brasil, 1991b).

Assim como a Lei nº 8.213, de 1991, também já comentamos aqui sobre a Lei nº 8.899, de 1994, que foi revogada pelo Decreto nº 3.691, de 2000. Nessa lei era garantido o passe livre no transporte coletivo para as pessoas com deficiência.

Quanto à lei de prioridade no atendimento para pessoas com deficiência física, pessoas idosas, gestantes, lactantes ou acompanhadas por crianças de colo, são reservadas a Lei nº 10.048, de 2000. Ainda no ano 2000, a Lei Federal nº 10.098 foi publicada para estabelecer as normas gerais e os critérios básicos para a promoção da acessibilidade das pessoas com deficiência física ou mobilidade reduzida, garantindo-lhes que:

> O Poder Público promoverá a eliminação de barreiras na comunicação e estabelecerá mecanismos e alternativas técnicas que tornem acessíveis os sistemas de comunicação e sinalização às pessoas portadoras de deficiência sensorial e com dificuldade de comunicação, para garantir-lhes o direito de acesso à informação, à comunicação, ao trabalho, à educação, ao transporte, à cultura, ao esporte e ao lazer. (Brasil, 2000b, art. 17)

Além de apresentar a definição de acessibilidade como "possibilidade e condição de alcance para utilização, com segurança e autonomia, dos espaços, mobiliários e equipamentos urbanos, das edificações, dos transportes e dos sistemas e meios de comunicação, por pessoa com deficiência ou com mobilidade reduzida" (Brasil, 2000b, art. 2).

Sobre a locomoção da pessoa com deficiência visual, além do uso da bengala, é assegurado o direito de ir e vir com um cão-guia. O ingresso e a permanência do animal em estabelecimentos públicos, privados ou coletivos, com uma exceção de estabelecimentos de saúde está disponível na Lei nº 11.126, de 2005. Nesse sentido, não pode ser vetado o acompanhamento do cão-guia para a pessoa com deficiência visual em locais de trabalho, entrevista de emprego etc.

Para finalizar as leis disponíveis para pessoa com deficiência, importantes para o acesso, a informação e os outros quesitos para o mercado de trabalho, apresentamos o dia Nacional da Luta da Pessoa com Deficiência, instituído pela Lei nº 11.133, de 2005, que deve ser celebrado aos dias 21 de setembro.

É importante frisar que apesar de haver leis relacionadas às deficiências, estas só são postas em prática depois que os decretos são promulgados, pois são eles que determinam como a lei deve ser implantada, indicando como deve ser realizada a fiscalização do cumprimento e as penalizações.

> *PARA SABER MAIS! Para consultar as leis que contemplam a inclusão da pessoa com deficiência no mercado de trabalho na íntegra, acesse:*
> - *O Portal de Legislação do governo Federal: http://www4.planalto.gov.br/legislacao*
> - *O site do Senado: http://www.senado.gov.br/legislacao/*
> - *O site do Ministério do Trabalho e Emprego, sobre a Consolidação das Leis do Trabalho e outros documentos: http://portal.mte.gov.br/legislacao/.*
> - *O site do Ministério Público do Trabalho: http://www.pgt.mpt.gov.br*

Como indicado na Unidade 1, recentemente tivemos a aprovação do Estatuto da Pessoa com Deficiência, que instituiu diversas garantias e estabeleceu algumas previsões de proteção ao trabalhador portador de necessidades especiais. O estatuto procura, principalmente, fomentar a inclusão, de fato, da pessoa com deficiência no contexto atual.

3. A investigação da profissionalização

Como pudemos ver na unidade anterior, há diversas metodologias que pesquisam sobre a profissionalização e o trabalho da pessoa com deficiência. No entanto, ainda é um problema recorrente e requer atenção, pois pessoas com deficiência ainda lutam por um espaço social no mercado de trabalho, mesmo com as leis para garantir seu acesso. Não é possível afirmar que todos tenham acesso, principalmente pessoas com deficiências mais graves.

Ao percorrer um histórico do país é possível observar que alguns estudos como o de Goyo, Manzini, Carvalho, Balthazar e Miranda (1989) demonstram que o governo brasileiro inicialmente observava a contribuição da pessoa com deficiência como um meio para produzir impostos, tendo em vista que o trabalho destas pessoas também contribuía para gerar rendas. Todavia, as empresas enxergavam o trabalho desses cidadãos como mão de obra barata.

A conscientização sobre os direitos da pessoa com deficiência fez que o país se posicionasse para garantir melhores condições para essas pessoas. Apoiado às Convenções da OIT, alguns decretos foram lançados como forma de orientação e conscientização, demonstrando que o país estava se preocupando com a situação. É possível observar, porém, que as contratações foram somente para pessoas com deficiência leve, demonstrando que pessoas com deficiências mais severas ainda não eram público-alvo de contratações.

As deficiências graves, segundo Souza e Cintra (2012), variam em grau de severidade, já que nem todas as deficiências estão acompanhadas de incapacidades. No entanto, quanto maior a severidade, no sentido de intensidade, maiores são as dificuldades e os desafios encontrados pela pessoa com deficiência, inclusive de acesso ao mercado de trabalho, e as empresas ou locais de contratação devem dar atenção e cuidado maior.

Para resolver este problema, o Decreto nº 5.296, de 2004, previu a contratação de pessoas com deficiências mais severas. Contudo é uma prática que ainda não acontece. Nesse sentido, são investigações que ainda tendem muito a colaborar para com as pessoas com deficiência mais graves.

Mais estudos nesse sentido podem investigar a produção e a colaboração dessas pessoas no aspecto social e individual, de modo que forneça resultados que demonstrem os prós e contras da contratação dessas pessoas, indicando as principais áreas de atuação para as deficiências severas, as principais recomendações de contratação e as necessidades de acessibilidade para o contrato, pois há inúmeras deficiências que podem ser assim consideradas. Para isso, são necessários investigação e diagnóstico para indicar a severidade da deficiência, assim como é importante aferir o grau de dificuldade de acesso e grau de capacidade (enxergar, ouvir, locomover-se e capacidade de raciocínio lógico).

Outra questão a ser observada é no aspecto da falta de formação específica para a pessoa com deficiência nos programas especializados de educação para o trabalho – uma lacuna que se tornou uma armadilha para os próprios pesquisadores.

Essa dificuldade relaciona-se à inclusão das pessoas com deficiência a partir da formação. Como observado no estudo de Santos (2013), atualmente as empresas afirmam não terem problemas em contratar pessoas com deficiência, e os contratados dizem não sentir preconceito quanto a suas limitações. Todavia, ainda há grandes obstáculos para a formação.

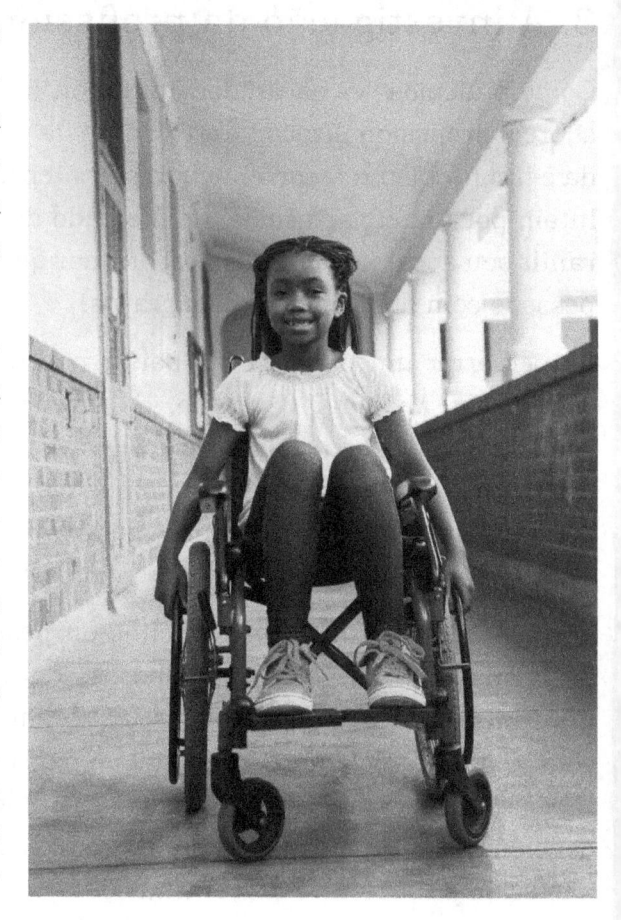

Com a inclusão, as pessoas com deficiência devem ter acesso às mesmas formações, porém, os professores ainda não estão prontos para lidarem com um público tão diversificado. Neste sentido, um problema evidenciado para investigações futuras ainda é a questão da formação da pessoa com deficiência, desde a escolarização até a formação superior e profissional. Será que o atual modelo de ensino no país garante a inclusão de pessoas com algumas limitações? A formação está sendo adequada para que possam competir em vagas no mercado de trabalho? Estas e outras perguntas estão sempre na pauta dos estudos, porém, os resultados positivos ainda não são aplicados na prática, ficando apenas na teoria.

Temos, ainda, um longo caminho para percorrer, pois para alcançar o objetivo da formação profissional da pessoa com deficiência, as mudanças devem ocorrer muito antes, desde a formação do professor para lidar com a inclusão nas salas de aula, para que este esteja preparado para lidar com a diversidade do público. Por isto, esta questão é uma lacuna nas pesquisas e ainda há muito que se discutir.

Outra questão é a importância da Lei de Cotas para as pessoas com deficiência. Já se sabe com o estudo de Caruso (2012) que as empresas iniciaram a contratação para livrarem-se da multa. Em seu estudo ela faz uma metáfora com a história da Branca de Neve ao pedir para "mandar uns anões" para serem contratados. A analogia que a autora faz com anões e o contrato é pela necessidade de contratar pessoa com deficiência e a escolha de uma deficiência simples (neste caso o nanismo) para suprir a lei.

Com a lei não é possível garantir, ainda, que todas as pessoas com deficiência sejam contratadas no mercado de trabalho (quando dizemos todas, fazemos a referência com a questão da severidade da deficiência) e esta discussão é ampla, tendo em vista que não são todos que concordam com a lei e não há uma supervisão para verificar se todas as empresas estão cumprindo a obrigação em todo o país.

Algumas questões de possíveis discussões são: As contratações das pessoas com deficiência estão ocorrendo apenas em função da lei? Ou a capacidade e habilidade destas pessoas estão sendo levadas em consideração? A Lei de Cotas está garantindo os direitos de todas as pessoas com deficiência ou somente das que apresentam deficiência leve? Estas também são discussões que podem levar anos para ter resposta – se um dia elas existirem.

Outro problema na área da profissionalização são as escolhas de temas de estudos. Como você pode perceber, existem inúmeros trabalhos. No entanto, eles têm foco principal na deficiência intelectual, nas pesquisas de estudo de caso nos postos de trabalhos, na formação, nas atitudes da pessoa com deficiência ou foco na legislação. Porém, são necessários estudos mais aprofundados em outros tipos de deficiência. Ademais, deve-se encorajar a diversidade metodológica, pesquisando sobre a importância de programas educacionais que supram a demanda desse público até mesmo buscando estratégias e orientações para que a oferta desses programas de inclusão social se mantenha.

A diversidade dos trabalhos colaborará com os inúmeros tipos de deficiência e os graus de severidade que cada uma apresenta. Nesse sentido, garantirá mais informações para estas e auxílio para que possam ser público-alvo das contratações em postos de trabalho, como pessoas com deficiência visual, auditivas e múltiplas deficiências.

São inúmeros os temas que ainda podem ser pesquisados para colaborar com a profissionalização da pessoa com deficiência. Tais pesquisas podem ser voltadas para a necessidade do cumprimento de políticas públicas e a inclusão efetiva da pessoa com deficiência.

PARA SABER MAIS! Acesse os repositórios nacionais que permitem pesquisar periódicos publicados. Banco digital de Teses e Dissertações: http://bdtd.ibict.br/. Capes: <http://www.periodicos.capes.gov.br/>. Google Acadêmico: <https://scholar.google.com.br/>.

4. Considerações finais

Esta unidade se voltou para a verificação dos problemas das investigações na área da profissionalização da pessoa com deficiência. Como você pôde perceber, muitas são as iniciativas para incluir essas pessoas. O Brasil é um dos países que mais atende as necessidades da pessoa com deficiência no aspecto legislativo.

Nas legislações vigentes são passadas todas as orientações necessárias para que a pessoa com deficiência possa ser incluída. Os conceitos de deficiência são apresentados, as informações sobre a importância são evidenciadas e há leis que obrigam a ser colocadas em prática as orientações. Porém ainda não há garantias de ampla inserção no mercado de trabalho, o que está evidenciado em diversos estudos sobre a profissionalização da pessoa com deficiência.

No entanto, apesar de haver uma quantidade significativa de estudos que pesquisem a pessoa com deficiência e o trabalho, ainda há falta de investigação mais profunda de alguns temas que possam colaborar para a inclusão efetiva da pessoa com deficiência e colocar em prática as instruções apresentadas na legislação.

Em colaboração para com a legislação e as pesquisas na área da profissionalização da pessoa com deficiência, é necessário um conjunto de programas, ações e atividades desenvolvidas pelo estado de forma direta ou indireta, com a participação de empresas públicas ou privadas visando a assegurar o emprego da cidadania para todos. Trata-se das chamadas políticas públicas, que é o assunto que vamos discutir na próxima unidade.

Glossário – Unidade 3

Acessuas trabalho – Programa Nacional de Promoção do Acesso ao Mundo do Trabalho.

BPC – sigla do Programa de Benefício de Prestação Continuada da Assistência Social.

CRAS – sigla de Centro de Referência da Assistência Social.

Discriminação – ato de segregar; fazer a distinção entre as pessoas; um fenômeno sociológico que diferencia as pessoas em razão de cor, gênero, orientação sexual, deficiências, entre outras.

Emenda constitucional – possibilidade de modificar em partes, para adaptar e permanecer atualizado mediante mudanças relevantes do texto da Constituição Federal após este já ter sido promulgado.

Empresas concessionárias – empresa que recebe a concessão, consentimento ou o direito para realizar algum serviço.

Interdependência – ato de ser dependente do outro, dentro de um processo. Podem ser duas pessoas ou coisas ligadas entre si por uma recíproca dependência, objetivando uma mesma finalidade.

Normativa – imposição de normas ou regras.

Permissionárias (empresas) – empresa que recebe a permissão ou a licença para realizar serviço.

Pronatec – sigla do Programa Nacional de Acesso ao Ensino Técnico e Emprego, criado pelo Governo Federal com o objetivo de expandir e democratizar o acesso de cursos de educação profissional e tecnológica no Brasil.

Ratificar – ato de validar ou reafirmar algo que já foi dito.

Recomendações – conselhos normativos de princípio, preceito ou regra da lei.

UNIDADE 4
AS POLÍTICAS PÚBLICAS E AS FORMAS ALTERNATIVAS PARA A PROFISSIONALIZAÇÃO DA PESSOA COM DEFICIÊNCIA

Capítulo 1 Introdução, 64

Capítulo 2 A função das políticas públicas, 65

Capítulo 3 Legislação e políticas públicas, 68

Capítulo 4 Metodologias alternativas para a profissionalização, 69

Capítulo 5 Considerações finais, 74

Glossário, 77

Referências, 78

1. Introdução

A pessoa com deficiência, como pudemos verificar, foi conquistando o seu espaço na sociedade aos poucos. Primeiro ela foi institucionalizada, segregada, integrada, para depois ser incluída. Mas a inclusão ainda não ocorreu de forma unânime. Exemplo disso, para conseguir alcançar mais espaços no mercado de trabalho, houve a necessidade de garantir seus direitos com a imposição da Lei de Cotas, que obrigou a contratação de pessoas com deficiência.

Diante desse cenário, existem diversos estudos que buscam resultados significativos sobre a profissionalização da pessoa com deficiência, utilizando metodologias de pesquisas que podem colaborar para a inclusão.

Mesmo com inúmeras pesquisas disponíveis, infelizmente ainda não é possível garantir a total inclusão da pessoa portadora de necessidades especiais no mercado de trabalho, pois ainda existem empresas que tentam burlar a lei. Não contratam, apenas assinam a carteira e não dão um trabalho efetivo para a pessoa com deficiência, ou as orientam a ficar em casa. Isso não é, de fato, um processo de inclusão!

PARA SABER MAIS! Vídeo de Outro olhar apresenta o processo de inserção da pessoa com deficiência no mercado de trabalho, que apesar de vir crescendo nos últimos anos, ainda encontra barreiras a serem rompidas. Pessoas com deficiência apresentam quais são estas barreiras. Disponível em: <https://www.youtube.com/watch?v=ipjmKwA3TNU>. Acesso em: 11 junho 2015.

No entanto, os estudos foram muito importantes para evidenciar os problemas que ainda temos para, de fato, incluir a pessoa com deficiência no mercado de trabalho. É possível verificar que falta formação específica, capacitação de professores para saberem lidar com a diversidade. Constata-se que a Lei de Cotas foi importante, porém não foi totalmente eficiente para garantir a inclusão.

As novas investigações poderão contribuir com isto e demonstrar resultados ainda mais significativos para esta inserção.

Além dos estudos, há, também, uma vasta legislação que colabora para garantir e orientar como proceder com a inclusão da pessoa com deficiência no mercado de trabalho. Dentre as orientações é possível encontrar programas e atividades desenvolvidas pelo Estado direta ou indiretamente, com a participação de órgãos públicos ou privados, visando a assegurar o direito da pessoa com deficiência. Essas medidas são chamadas políticas públicas.

2. A função das políticas públicas

O Estado desempenha a função de implementar as políticas públicas e dar manutenção a elas. O fato de ser o Estado e não o governo, é motivador, já que o Estado é considerado um conjunto de instituições permanentes (como o Ministério Público, essencial para a função **jurisdicional** do Estado) que possibilitam ação do governo. O governo é um conjunto de programas e projetos que parte da sociedade como um todo. Por isso, políticas públicas são a ação do Estado implantando projeto do governo por meio de programas necessários para a sociedade.

Nos séculos XVIII e XIX, o principal objetivo das políticas públicas era a segurança e defesa de um indivíduo, município ou Estado. No entanto, com a multiplicação das cidades, expansão da democracia, aumento de outras responsabilidades e de deveres do Estado, os objetivos se diversificaram e atualmente é comum afirmar que o Estado busca promover o bem-estar da sociedade (Sebrae, 2008).

PARA SABER MAIS! O programa Cenas do Brasil *discute avanços e desafios das políticas públicas para a pessoa com deficiência: o Plano Viver sem Limites, um investimento do governo federal. Nessa edição,* Cenas do Brasil *faz um balanço da iniciativa do plano, por meio de debates realizados pelo Secretário Nacional de Promoção dos Direitos da Pessoa com deficiência, Antônio José Ferreira, e pelo coordenador do Fórum de Apoio Permanente às Entidades das Pessoas com Deficiência do Distrito Federal, Luís Maurício Alves. Disponível em: <https://www.youtube.com/watch?v=f-UDsbpa6-M>. Acesso em: 11 junho 2015.*

Para tanto, são diversas as áreas de atuação do Estado, como saúde, lazer, educação, turismo, entre outras. Ou seja, as políticas públicas são um conjunto de ações para diversos seguimentos pelos quais o Estado tende a se responsabilizar, incluindo as ações voltadas para a inserção da pessoa com deficiência no mercado de trabalho.

O plano Viver Sem Limites, um Plano Nacional dos Direitos da Pessoa com Deficiência, criado por meio do Decreto n° 7.612, em 2011, em que o Brasil ressaltou o compromisso com a Convenção sobre os Direitos das Pessoas com Deficiência da Organização das Nações Unidas (ONU), buscou equiparar as oportunidades das pessoas com deficiência.

Os programas apresentados devem garantir o bem-estar da sociedade. São apresentados pelo governo de acordo com as necessidades da sociedade. A exemplo do plano mencionado, ele colabora com a profissionalização da pessoa com deficiência ao ofertar cursos de formação profissionalizante às pessoas com deficiência, como o Pronatec.

Para ser possível à política pública apresentar um projeto que atende as expectativas da sociedade, o governo decide as demandas conforme o que é solicitado por todos. Os representantes legais para essa função são os deputados, senadores e vereadores, que mobilizam os membros do Poder Executivo representados pelos prefeitos, governadores e o presidente da república, a fim de que estes cumpram o que é solicitado e apresentado como alternativa para sanar a demanda, que por sua vez são apresentadas aos dirigentes públicos, representados por sindicatos, associação de moradores, entidades empresariais, ONGs, entre outros.

Devido ao fato de haver inúmeras pessoas que precisam ter seus direitos assegurados, nem todos os indivíduos são contemplados com a busca de seus objetivos. Por isso é necessária para a reinvindicação a formação de grupos que se organizem para solicitar planos e programas sociais – um bem comum para todos. As pessoas com deficiência são um grupo de minorias, como já pudemos conhecer em Profissionalização 1, e para assegurar seus direitos devem se unir para que consigam adquirir bens e serviços, buscando mudanças e melhorias que lhe oportunizem cada vez mais a inclusão.

Dessa forma, com a formação de grupos que buscam os mesmos objetivos, é possível apresentar propostas plausíveis ao governo para que atendam a necessidade da demanda. Se há objetivos contrários e propostas que entram em conflito, cabe ao responsável pela política pública estudar, compreender e escolher a demanda que será representativa para a maioria. Isso pode significar que talvez não atendam as expectativas de todos, mas é necessário que seja um bem comum para alguns grupos, mesmo que outros não sejam contemplados.

Pelos grupos contemplados, o governo deverá trabalhar e apresentar propostas que busquem atender as questões solicitadas pelo grupo que seja de interesse comum. Ou seja, segundo o Sebrae (2008) as políticas públicas, nesta situação, são os resultados das competições dos mais variados grupos que buscam resultados de melhorias para os seus interesses, mas que sejam um bem-estar para todos. Os interesses podem ser específicos ou gerais, mas para serem atendidos é necessário que sejam reconhecidos e ganhem força ao ponto de chamar atenção das autoridades do **Poder Executivo**, **Legislativo** e **Judiciário**.

Em equilíbrio com a necessidade de todos, o plano Viver Sem Limites apresenta propostas para todos os grupos de deficiência, a fim de que tenham acesso à escola e ao trabalho, procurando garantir os interesses e os direitos de todas as pessoas com deficiência.

> *PARA SABER MAIS! O vídeo institucional do Plano Nacional dos Direitos da Pessoa com Deficiência, Viver Sem Limites, e está disponível na internet e pode ser assistido em: <https://www.youtube.com/watch?v=Oym7KHNIIaQ>. Nesse vídeo, é possível perceber o quanto as pessoas com deficiência visual, intelectual, auditiva e física podem colaborar com a sociedade e ter acesso ao estudo e ao mercado de trabalho.*

3. Legislação e políticas públicas

Com a organização das políticas públicas, o Brasil demonstra avanços gradativo em relação ao que define as legislações voltadas para assegurar os direitos das pessoas com deficiência, proporcionando a elas a participação ativa na sociedade, oportunizando que sejam inseridas em diversas atividades que permitam sua inclusão, porém esta ação ainda não apresenta resultados significativos ao esperado na inclusão ao mercado de trabalho. Todavia, trata-se de uma ação que deve acontecer para proporcionar estratégias de valorização da pessoa com deficiência.

Segundo Lima e Jurdi (2014), as políticas públicas que surgiram nas últimas décadas beneficiaram e fomentaram a garantia de direitos que permitem à pessoa com deficiência trabalhar e estudar, promovendo a participação na sociedade. Além de servirem como base para que os estados e município promovam esse tipo de ação em seu território, fazendo que a inclusão do mercado de trabalho ocorra de forma efetiva e significativa na sociedade, as políticas públicas se colocam em ação para que essa população não se limite apenas ao trabalho de mão de obra barata, mas que sejam vistos como pessoas autônomas e independentes trabalhando de forma ativa na sociedade. Dessa forma, elas usufruem do seu direito como cidadão e têm acesso ao mercado de trabalho.

Por isso, temos a legislação como aliada para que os estados e municípios possam criar e pautar-se na promoção das políticas públicas, cujo objetivo é garantir o acesso ao mercado de trabalho da pessoa com deficiência, oportunizando a inclusão laboral dessa população.

Sob o aspecto da assistência social, a Constituição Federal de 1988 reserva dois artigos, o 203 e o 204, que preveem que "assistência social será prestada a quem dela necessitar, independentemente de contribuição à **seguridade social**" (art. 203) e dentre os objetivos estão "a promoção da integração ao mercado de trabalho; a habilitação e a reabilitação das pessoas portadores de deficiência e a promoção de sua integração à vida comunitária" (art. 203, incisos III e IV). Isso garante que "as ações governamentais na área da assistência social serão realizadas com recursos do orçamento da seguridade social" (art. 204).

A Constituição Federal busca garantir os benefícios, serviços, planos e programas que combatem a exclusão das pessoas que vivem à margem da sociedade, estabelecendo critérios para sua organização, buscando garantir o direito de quem precisa.

Já no aspecto institucional, a pessoa com deficiência tem o direito de frequentar escola regular em igualdade a todos, assim como frequentar cursos de ensino superior e profissionalizante e ensino regular, e não apenas as instituições de educação especial.

As políticas públicas devem, portanto, pautar-se nas necessidades dos grupos sociais para, segundo define a legislação, oportunizar a independência e autonomia da pessoa com deficiência, garantindo a inclusão.

> Estar incluído em nossa sociedade pode, então, ser também traduzido pelo potencial de produção e consumo que cada sujeito demonstra. Ser um sujeito social significa também estar em condição de participar da rede de produção/consumo da coletividade. É a possibilidade de produzir valores de troca reconhecidos socialmente; é ter condições para ampliar ou ter garantido o seu poder de realizar contatos sociais (Ghirardi, 2004, apud, Lima; Jurdi, 2014, p. 514).

Além do direito que as políticas públicas apresentam para a pessoa com deficiência, há também alternativas para a profissionalização apresentada por alguns estudos. E é isso que veremos na próxima unidade.

4. Metodologias alternativas para a profissionalização

Já conhecemos a história da pessoa com deficiência, na qual pudemos acompanhar todas as lutas para alcançar os direitos, desde a institucionalização até a possibilidade de acesso integral à sociedade, igual a todos. Conhecemos pessoas com deficiência que foram ou são personalidades importantes na sua área de atuação, independentemente de suas limitações, e tivemos acesso às mais diversas metodologias na área da profissionalização. Agora, vamos evidenciar as alternativas para a profissionalização destas pessoas, haja vista que, durante muitos anos, foram segregadas e não tiveram a oportunidade dos mesmos acessos que os outros cidadãos.

É importante salientar que há muitos anos se discute sobre a pessoa com deficiência no mercado de trabalho e ainda no contexto atual se discutem maneiras ou estratégias para que seja possível de fato inseri-las na prática laboral.

As legislações foram uma estratégia de extrema importância para essa inserção, pois foi a partir delas que surgiu a organização para a prática e obrigação do contrato da pessoa com deficiência, oportunizando o acesso de muitos que antes não tinham. A partir do que rege a legislação, as políticas públicas surgiram como uma alternativa para viabilizar o acesso ao trabalho, para que pessoas com deficiência obtivessem oferta de formação profissional e programas de contratação da pessoa com deficiência.

Alguns estudos já apontavam a necessidade de haver alternativas para a inserção da pessoa com deficiência no mercado de trabalho, desde a década de 1980, como nas dissertações de Costa (1980), Clavísio (1993) e Souza (1995), em que já se apontava a necessidade de ofertar a formação profissional para estas pessoas.

A preparação para o trabalho é uma alternativa e necessidade evidente, inclusive na atualidade.

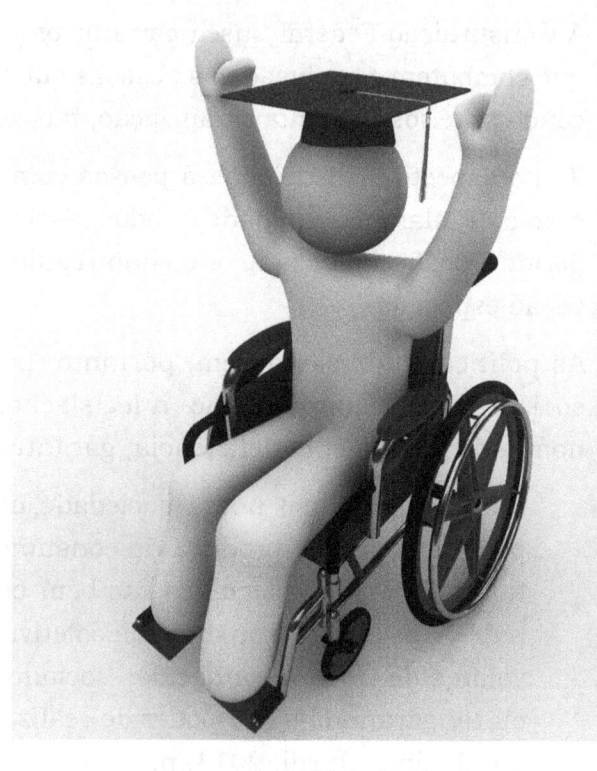

Nos anos de 1990, o estudo de Clavíseo (1993) apresentou trabalhos de confecções manuais de empresas de calçados para a contratação de pessoas com deficiência. As indústrias estavam aquecidas e precisavam de mão de obra para a confecção, o que abriu a possibilidade para a contratação de pessoas portadoras de necessidades especiais. Esse estudo, apesar de ter sido realizado há mais de vinte anos e de apresentar ações e informações descontextualizadas com a época atual, evidencia que a contratação de pessoa com deficiência, por si só, era uma alternativa de empresas para conseguir mão de obra. O que podemos observar é que a produção **manufaturada** sempre foi alternativa para a contratação de pessoas com deficiência, necessitando apenas de formação e orientação para o trabalho.

Já Souza (1995) desenvolveu uma metodologia de treinamento para pessoas com deficiência intelectual. O treinamento consistia em uma análise da tarefa de modelagem e **esvanecimento** em um aterro sanitário realizada por cinco alunos de uma instituição especializada. Em seu resultado, a autora mostrou que quando bem direcionadas e orientadas as pessoas com deficiência intelectual executam o serviço que lhe é solicitado.

Ainda que houvesse alguns estudos que já evidenciassem a importância da formação e orientação profissional nos anos de 1980 e 1990, o acesso à escola e à formação ainda eram bastante precários e somente os institutos eram responsáveis por "formar" a pessoa com deficiência, o que não lhes garantia o acesso ao mercado de trabalho.

Na pesquisa de Mendes, Nunes, Ferreira e Silveira (2004), nos anos 2000, esta temática continuava a ser apontada: o problema da formação era uma lacuna que deveria ser desenvolvida em uma linha de investigação, priorizando a capacitação vocacional e a integração profissional de todos, mas sem deixar de se orientar por alternativas de trabalho para os indivíduos mais prejudicados.

Diante dessa necessidade apontada durante tantos anos, uma alternativa evidenciada na legislação é o treinamento em serviço. A empresa que contrata a pessoa com deficiência não precisa requerer, necessariamente, experiência ou habilidade para o serviço. É o que se constata na Recomendação nº 168 da OIT:

> [...] oferecer assessoria sobre as medidas adotadas em nível de postos de trabalho que afetem os trabalhadores portadores de deficiência, incluídas a habilitação dos postos de trabalho, a organização especial do trabalho, a formação. (OIT, 1983, art. 37, alínea c)

Pelo fato de essas pessoas terem sido marginalizadas e não lhes terem sido ofertadas oportunidades de acesso ao mercado de trabalho durante muito tempo, a experiência prévia tornou-se desnecessária para a contratação do portador de deficiência. Assim, a empresa deve se disponibilizar a formar a pessoa com deficiência para que ela possa realizar o serviço, conforme é apresentado no Decreto nº 5.598 de 2005.

> Na hipótese de o ensino prático ocorrer no estabelecimento, será formalmente designado pela empresa, ouvida a entidade qualificada em formação técnico-profissional metódica, um empregado monitor responsável pela coordenação de exercícios práticos e acompanhamento das atividades do aprendiz no estabelecimento, em conformidade com o programa de aprendizagem. (Brasil, 2005, art. 22 § 1º)

Na pesquisa de Mendes, Nunes, Ferreira e Silveira (2004) essa alternativa era apontada como **support employment** ou **emprego com apoio**, sendo indicada como alternativa de preparação vocacional para pessoas com deficiência severa, no que consistia em realizar o treinamento direto no local de trabalho, com a supervisão de um profissional especializado ou instrutor que auxilia o indivíduo a realizar as tarefas pertinentes à sua função no próprio ambiente, acompanhando-o em suas atividades.

O estudo dos autores referenciados apresenta uma das alternativas já evidenciadas nos anos 1990, o que nos é ainda muito interessante e usual nos dias de hoje, tanto que a legislação já prevê a contratação sem a necessidade de experiência e a formação profissional em serviço.

Pautado na investigação concreta que pode oportunizar o acesso da pessoa com deficiência no mercado de trabalho, o estudo de Ragazzi (2001) debruça-se sobre o emprego com apoio, em que descreve e analisa os efeitos de um programa de capacitação profissional no ambiente natural de trabalho, voltado para a especificidade da deficiência intelectual.

A referida autora confirma que a formação em serviço possibilita à pessoa com deficiência executar suas funções com qualidade. Ela aponta, ainda, que o tempo de execução das tarefas entre as pessoas com e sem deficiência não tinham diferença.

Diante do que apresentamos até o momento, Ghirardi (2004, apud, Lima; Jurdi, 2012) aponta que nas pesquisas e intervenções que discutem as alternativas para a inclusão da pessoa com deficiência no mercado de trabalho há, basicamente, duas questões importantes: as políticas públicas que garantem e oportunizam o acesso à formação e ao mercado de trabalho para as pessoas com deficiência; e a análise de ações concretas que procuram efetivar a inclusão da pessoa com deficiência no mercado de trabalho.

Outra alternativa de acesso ao trabalho para a pessoa com deficiência são as **cooperativas**, que, além de proporcionar possibilidade ao trabalho, apresenta como um modelo de gestão participativa e **autogestionária**, evidenciado no trabalho de Carretta (2004), que intitula sua tese *Pessoas com deficiência organizando-se em cooperativas: uma alternativa de trabalho?*. Carretta (2004) apresenta as cooperativas como alternativa à inserção no mercado de trabalho da pessoa com deficiência, fugindo do modelo tradicional de contrato. A prática envolve a população que não tem acesso ao mercado de trabalho, que são aquelas excluídas e destituídas de recursos econômicos. Assim, o pesquisador buscou conhecer e avaliar se a prática serve realmente como alternativa para a pessoa com deficiência.

Em suas considerações finais é possível verificar que o autor indica a cooperativa como uma alternativa para a geração de trabalho para as pessoas com deficiência. Mas há um porém: existem desafios para a gestão de uma cooperativa, já que deverá ser coletiva e democrática e há a necessidade de capacitação técnica, administrativa e cultural, o que torna o caminho mais complicado para gerir.

Nessa perspectiva, a alternativa da cooperativa só é possível com muita gestão democrática coerente e correta, para que oportunize, além da inclusão da pessoa com deficiência, os direitos sob o serviço de forma justa.

Esses dados demonstram a necessidade de medidas para a inclusão da pessoa com deficiência no mercado de trabalho, que é um campo bastante competitivo, principalmente para pessoas com deficiência que não adquiriram experiências ao longo da vida. Por isso programas de capacitação e formação são requisitos essenciais para a profissionalização.

Entretanto, as buscas por alternativas adequadas devem continuar para que se alcancem dados concretos, resultantes de reflexão e análise objetiva, para descobrir novos meios de inserção da pessoa com deficiência no mercado de trabalho, tendo em vista que o emprego por si é uma alternativa para não haver o ócio.

Como já dissemos na Unidade 2, muitos estudos na área da profissionalização estão disponíveis nos repositórios brasileiros que veiculam variadas pesquisas.

Diversos trabalhos já apresentados trazem a preocupação científica na área educacional e profissional da pessoa com deficiência. No Brasil os estudos para todas as áreas acadêmicas são veiculados desde o século XX.

Para Gatti (2001), foi no final dos anos 1930, com a criação do Instituto Nacional de Estudos Pedagógicos (Inep), que os estados brasileiros conseguiram encontrar estímulos e divulgação de seus trabalhos científicos. A importância desse instituto no desenvolvimento de estudos, no Brasil, é dada como contraponto das instituições de ensino superior, pois na época havia poucos estudos e pesquisas. O Inep e seus centros eram produtores e irradiadores de conteúdos de pesquisa, além disso, ofereceram formação para a produção de estudos metodológicos por muitos anos. Dessa forma, com o desenvolvimento de pesquisas, publicações regulares, formações de pesquisadores e participação de docentes, as universidades tinham a oportunidade de contribuir com dados. No entanto, somente com as criações de cursos de pós-graduação, mestrado e doutorado nos anos de 1960 é que as universidades passaram efetivamente a contribuir com a disseminação do conhecimento em forma de estudos.

> *PARA SABER MAIS!* Conheça o site do Instituto Nacional de Estudos e Pesquisas Educacionais Anísio Teixeira em: <http://portal.inep.gov.br/>. Acesso em: 16 de junho de 2015.

Diante de todo o conteúdo apresentado nas últimas unidades, é importante que você saiba que há investimentos para pesquisas na área da educação e da profissionalização. Muitos estudos já foram veiculados e ainda há muitos que poderão investigar formas de inclusão da pessoa com deficiência, além de novas alternativas para que possam ingressar sem tanta dificuldade no mercado de trabalho. Ademais, há outras investigações em andamento que serão importantes para a inclusão total da pessoa com deficiência, não somente no emprego, mas na sociedade.

5. Considerações finais

Chegamos ao final de mais um tema sobre a profissionalização atual da pessoa com deficiência. Priorizamos transmitir as informações necessárias para que você conheça as metodologias utilizadas para investigar e apresentar como está sendo feita a inclusão da pessoa com deficiência no mercado de trabalho.

Existem diversas iniciativas que amparam a questão da inclusão e a principal delas é a Lei nº 8.213, de 1991, conhecida como Lei de Cotas, que obriga a contratação de funcionários com deficiência para empresas com mais de cem funcionários. A partir dessa norma, muitas pesquisas buscaram investigar se realmente estavam sendo incluídas as pessoas com deficiência em obrigatoriedade da lei. Essas pesquisas evidenciaram que ainda falta inclusão, apesar de ser possível encontrar a inserção da pessoa portadora de necessidades especiais nas empresas. Quando se avalia que não houve inclusão, apesar da inserção, significa que as empresas empregam o trabalhador com limitações para cumprir o que prevê a lei, mas, na verdade, não sabem lidar com ele. Por essa razão, procuram por funcionários que apresentam deficiência no grau leve para o contrato, mantendo pessoas com deficiências mais severas fora do mercado de trabalho, continuando na posição de marginalização em que sempre estiveram.

Por esse motivo, as políticas públicas tiveram uma importante função, que foi oportunizar o acesso de todos ao mercado de trabalho. São essas oportunidades que chamamos de estratégicas, para que a pessoa com deficiência possa alcançar seu direito de colaborar com atividades laborais na sociedade.

A principal alternativa para que a pessoa com deficiência possa alcançar um espaço no mercado de trabalho é a formação profissional. Desde a primeira unidade de Profissionalização já dissemos que a formação é essencial para tornar-se um profissional e é esta formação que consegue garantir mais efetivamente uma vaga no mercado de trabalho. Conforme já evidenciado no texto, a legislação dispõe que a empresa não deve deixar de contratar um profissional se ele não tiver experiência na função e que a própria empresa deverá garantir a formação do funcionário. No entanto, para funções específicas é necessária a formação anterior. A pessoa com deficiência, assim como qualquer outra, deverá ter cursos profissionalizantes ou cursos de graduação para conseguir lutar por uma vaga no mercado de trabalho.

Nesta perspectiva, o governo deve ser o responsável pela pessoa com deficiência, pois é ele quem deve garantir o acesso e a permanência (infraestrutura) para que as pessoas consigam ingressar e concluir um curso para a formação profissional. Essa alternativa é prevista desde os anos de 1980, quando já se indicava a necessidade de capacitação para o funcionário.

Esperamos que você possa continuar a pesquisar e encontrar novas metodologias e alternativas para o mercado de trabalho para a pessoa com deficiência. Finalizamos com 12 dicas do I.Social sobre como a pessoa com deficiência pode fazer para garantir uma boa entrevista de emprego.

ATENÇÃO! Veja a seguir algumas dicas, do I.Social, para entrevista de emprego para a pessoa com deficiência.

1. Analisar a proposta da vaga: ao receber uma proposta de emprego você deve avaliar se ela está compatível com a sua formação/escolaridade, área de atuação profissional, localização e formas de acesso.

2. Não faltar na entrevista agendada: nunca aceite uma vaga que não é do seu interesse. Faltar na entrevista é muito prejudicial para suas próximas oportunidades. Caso a entrevista já esteja agendada e aconteça algum imprevisto no dia, ligue e informe o entrevistador o quanto antes.

3. Necessidades especiais: sempre recomendamos que a deficiência deve ser abordada com naturalidade, portanto, caso você tenha alguma necessidade de acessibilidade ou tecnologia assistiva, avise o entrevistador no momento do agendamento da entrevista, para que não haja problemas ou constrangimentos no dia. É importante também ser sincero quanto a algum recurso que você precisará no ambiente de trabalho em função de alguma necessidade específica.

4. Laudo Médico: tenha sempre em mãos o seu laudo médico atualizado, tanto na versão física, em papel, quanto digital, em arquivo, para poder enviá-lo por e-mail quando solicitado. O laudo é importante, pois traz mais informações sobre sua deficiência e comprova que você pode ser enquadrado para a cota da empresa.

5. Buscar informações sobre a empresa: conhecer sobre a empresa é fundamental para uma entrevista de emprego. Antes de ir, se informe sobre a história da empresa, sua atuação e o cargo que você está concorrendo. Assim, você estará preparado para perguntas sobre o tipo de negócio do seu futuro empregador.

6. Aparência: ao conhecer sobre a empresa você poderá avaliar qual tipo de vestimenta é mais adequada. No geral, recomendamos que você se vista de maneira discreta, sóbria e impecável. O cabelo e as mãos devem estar limpos e bem cuidados. Não abusar na maquiagem, perfume e acessórios.

7. Pontualidade: o ideal é chegar quinze minutos antes da hora agendada. Antes de ir, pesquise as formas de acesso até a empresa e saia de casa com antecedência, pois caso aconteça imprevistos no caminho, você não correrá o risco de se atrasar.

8. Comunicação e comportamento: O objetivo do entrevistador é conhecer o candidato para poder avaliar se ele é compatível ao perfil da vaga e da empresa. Portanto, falar claramente sobre suas competências e experiências, responder com calma as perguntas feitas, não usar frases que demonstrem insegurança e imprecisão como: "eu acho (...)", "não sei (...)", não usar gírias e não cometer erros de português te ajudarão nesse momento. Um firme aperto de mão, o sorriso no rosto e segurança na voz são essenciais.

9. Abordagem sobre a deficiência: evite se colocar no papel de vítima por conta da sua deficiência. Não esconda suas limitações, mas valorize seus potenciais e demonstre que, com condições adequadas de trabalho, você pode render normalmente como qualquer profissional. Se for o caso, enfatize que a deficiência é uma questão superada e que você possui independência para as atividades da vida diária.

10. Competências profissionais: demonstrar pró-atividade, autonomia, iniciativa, vontade de aprender, segurança e motivação é essencial para esse momento. Mas, cuidado! O excesso desses comportamentos pode arruinar a entrevista de emprego.

11. Não falar mal do emprego anterior: ser sincero é importante, porém, por questões éticas, nunca fale mal do seu emprego anterior.

12. Desligue o celular: sempre desligue o celular e não se preocupe com ele nesse momento da entrevista.

Disponível em: I.Social: Soluções em Inclusão Social. <http://blog.isocial.com.br/12-dicas-para-o-candidato-com-deficiencia-garantir-uma-boa-entrevista-de-emprego/>. Acesso em: 16 junho 2015.

Glossário – Unidade 4

Autogestionária – referente à autogestão, ou seja, o gerenciamento de uma empresa pelos próprios funcionários; cooperativa.

Cooperativas – gerenciamento de uma empresa ou sociedade com a contribuição dos associados, que visa ao benefício destes por meio de uma atividade democrática.

Emprego com apoio – termo utilizado para referir-se ao auxílio dado à pessoa com deficiência, a fim de que ela possa realizar suas tarefas laborais por meio de apoio às suas dificuldades e capacitação para o trabalho.

Esvanecimento – ato de reduzir, dissipar o conteúdo ou objeto do local.

Judiciário – referente à justiça. O Poder Judiciário é o encarregado de aplicar as leis da Constituição do país.

Jurisdicional – relativo à jurisprudência ou que dela resulta; que designa o conjunto das decisões sobre interpretações das leis feita por tribunais de determinada jurisdição.

Legislativo – poder de legislar, que por sua vez elabora ou estabelece as leis.

Manufaturada – resultado do trabalho manual ou mecânico.

Poder executivo – possui a atribuição de governar o povo e administrar os interesses públicos, cumprindo as ordenações legais da Constituição.

Seguridade social – conjunto de políticas sociais que ampara o cidadão e a sua família em condições de velhice, doença, deficiência ou desemprego.

Support employment – referente ao termo em português "emprego com apoio", que trata da prestação de serviço e auxílio à pessoa com deficiência para que ela possa realizar suas atividades laborais.

Referências

BRASIL. Constituição da República Federativa. **Constituição da República do Brasil.** Brasília, DF: Senado, 1988.

____. **Decreto nº 5.629**, de 22 de dezembro de 2005. Dispõe sobre os bens amparados pelo regime especial de aquisição de bens de capital para empresas exportadoras – RECAP, na forma do art. 16 da Lei nº 11.196, de 21 de novembro de 2005, objeto de suspensão da exigência da contribuição para o PIS/PASEP e da Cofins. Diário Oficial da União. Brasília, DF, 23 dez. 2005a.

____. **Decreto nº 129**, de 22 de maio de 1991. Promulga a Convenção nº 159, da Organização Internacional do Trabalho (OIT), sobre Reabilitação Profissional e Emprego de Pessoas Deficientes. Diário Oficial da União. Brasília, DF, 22 mai. 1991a.

____. **Decreto nº 3.298**, de 20 de dezembro de 1999. Política Nacional para Integração da pessoa com deficiência. Diário Oficial da República Federativa do Brasil, Brasília, DF, 21 dez. 1999.

____. **Decreto nº 3.691**, de 19 de dezembro de 2000. Regulamenta a Lei nº 8.899, de 29 de junho de 1994, que dispõe sobre o transporte de pessoas portadoras de deficiência no sistema de transporte coletivo interestadual. Diário Oficial Eletrônico, Brasília, DF, 19 dez. 2000a.

____. **Decreto nº 3.956**, de 8 de outubro de 2001. Promulga a Convenção Interamericana para a Eliminação de Todas as Formas de Discriminação contra as Pessoas Portadoras de Deficiência. Diário Oficial da União. Brasília, DF, 9 out. 2001a.

____. **Decreto nº 5.296**, de 2 de dezembro de 2004. Regulamenta as Leis nº 10.048, de 8 de novembro de 2000, que dá prioridade de atendimento às pessoas que especifica, e 10.098, de 19 de dezembro de 2000, que estabelece normas gerais e critérios básicos para a promoção da acessibilidade das pessoas portadoras de deficiência ou com mobilidade reduzida, e dá outras providências. Diário Oficial da União. Brasília, DF, 3 dez. 2004.

____. **Decreto nº 5.598**, de 1º de dezembro de 2005. Regulamenta a contratação de aprendizes e dá outras providências. Diário Oficial da União. Brasília, DF, 2 de dez. 2005.

____. **Decreto nº 6.949**, de 25 de agosto de 2009. Promulga a Convenção Internacional sobre os Direitos das Pessoas com Deficiência e seu Protocolo Facultativo, assinados em Nova York, em 30 de março de 2007. Diário Oficial da União. Brasília, DF, 26 ago. 2009.

____. **Decreto nº 62.150**, de 19 de janeiro de 1968. Promulga a Convenção nº 111 da OIT sobre discriminação em matéria de emprego e profissão. Diário Oficial. Brasília, DF, 20 jan. 1968.

Referências

BRASIL. **Decreto nº 7.612**, de 17 de novembro de 2011. Institui o Plano Nacional dos Direitos da Pessoa com Deficiência – Plano Viver sem Limite. Diário Oficial da União. Brasília, DF, 19 nov. 2011.

____. **Decreto nº 98.656**, de 21 de dezembro de 1989. Promulga a Convenção relativa à Orientação Profissional e Formação Profissional no Desenvolvimento de Recursos Humanos Convenção nº 142 da Organização Internacional do Trabalho. Diário Oficial da União. 22 dez. 1989a.

____. **Instrução Normativa nº 20**, de 19 de janeiro de 2001. Dispõe sobre procedimentos a serem adotados pela Fiscalização do Trabalho no exercício da atividade de fiscalização do trabalho das pessoas portadoras de deficiência. Diário Oficial da República Federativa do Brasil, Brasília, DF, 29 jan. 2001b.

____. **Lei nº 10.048**, de 8 de novembro de 2000. Dá prioridade de atendimento às pessoas que especifica, e dá outras providências. Diário Oficial Eletrônico. 9 nov. 2000b.

____. **Lei nº 10.098**, de 19 de dezembro de 2000. Estabelece normas gerais e critérios básicos para a promoção da acessibilidade das pessoas portadoras de deficiência ou com mobilidade reduzida, e dá outras providências. Diário Oficial Eletrônico. Brasília, DF, 20 dez. 2000c.

____. **Lei nº 11.126**, de 27 de junho de 2005. Dispõe sobre o direito do portador de deficiência visual de ingressar e permanecer em ambientes de uso coletivo acompanhado de cão-guia. Diário Oficial da União. Brasília, DF, 28 jun. 2005b.

____. **Lei nº 11.133**, de 14 de julho de 2005. Institui o Dia Nacional de Luta da Pessoa Portadora de Deficiência. Diário Oficial da União. Brasília, DF, 15 jul. 2005c.

____. **Lei nº 7.853**, de 24 de outubro de 1989. Dispõe sobre o apoio às pessoas portadoras de deficiência, sua integração social, sobre a Coordenadoria Nacional para Integração da Pessoa Portadora de Deficiência – Corde, institui a tutela jurisdicional de interesses coletivos ou difusos dessas pessoas, disciplina a atuação do Ministério Público, define crimes, e dá outras providências. Diário Oficial. Brasília, DF, 25 out. 1989b.

____. **Lei nº 8.213**, de 24 de julho de 1991. Dispõe sobre os Planos de Benefícios d Previdência Social e dá outras providências. Diário Oficial da República Federat do Brasil, Brasília, DF, 25 jul. 1991b.

____. **Lei nº 8.899**, de 29 de junho de 1994. Concede passe livre às p portadoras de deficiência no sistema de transporte coletivo interestadual Oficial, Brasília, DF, 30 jun. 1994.

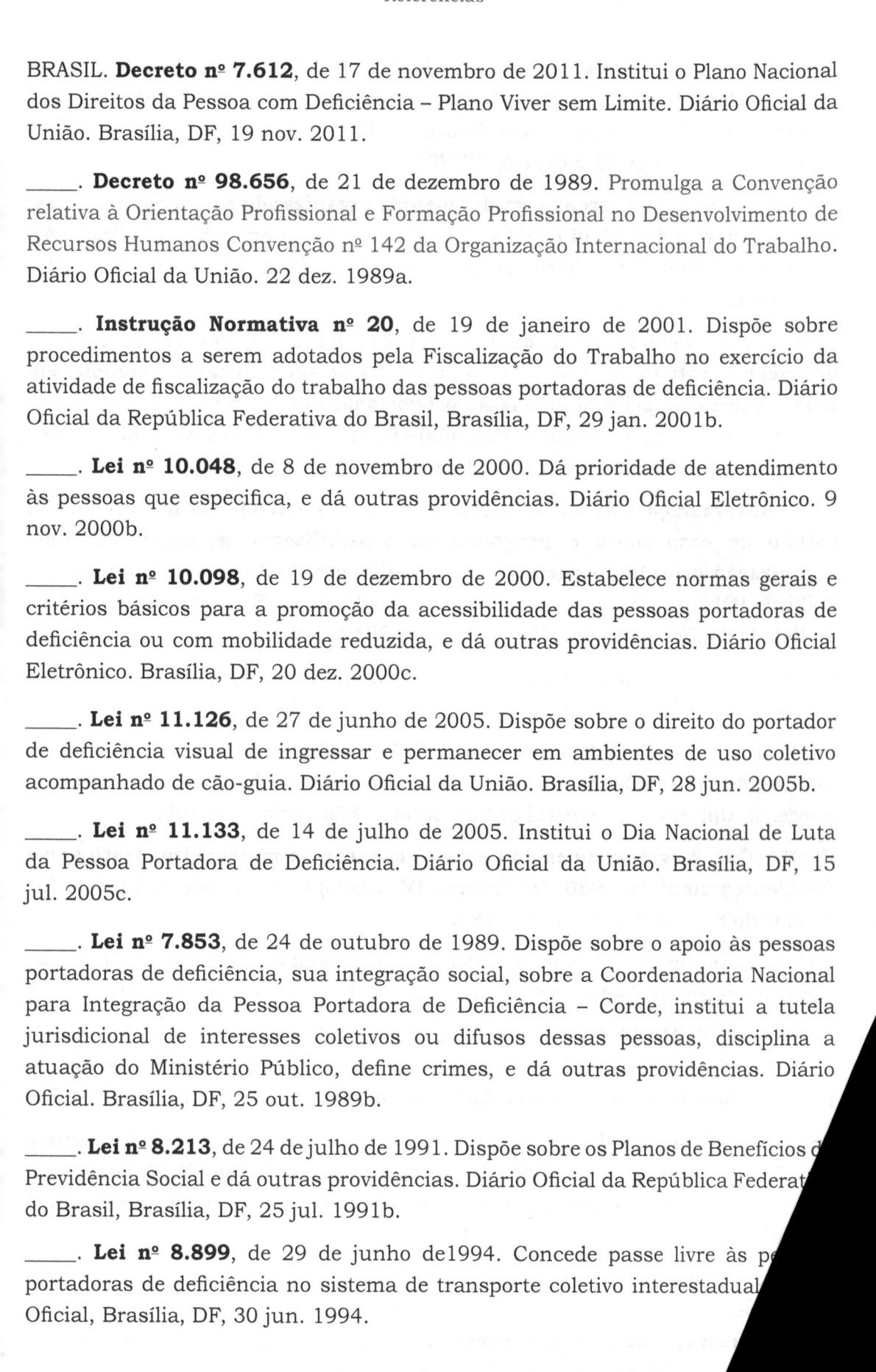

CAMPOS, J. A. P. P. **Programa de habilidades sociais em situação natural de trabalho de pessoas com deficiência: análise dos efeitos.** Tese (Doutorado). Programa de Pós-Graduação em Educação Especial, UFSCar – Universidade Federal de São Carlos, São Carlos, SP, 2006.

CARRETTA, R. Y. D. **Pessoas com deficiência organizando-se em cooperativas: uma alternativa de trabalho.** 2004. Tese (Doutorado em Engenharia de Produção) – Departamento de Engenharia de Produção, Universidade Federal de São Carlos – São Carlos, SP, 2005.

CARUSO, A. **Reverberações da Lei nº 8.213/91 à luz das concepções de deficiência: estudo de caso sobre o programa de sensibilização gerencial em uma organização privada de ensino profissionalizante.** 260 f. Tese (Doutorado em Políticas Públicas e Formação Humana) – Faculdade de Educação, Universidade do Estado do Rio de Janeiro, Rio de Janeiro, 2012.

_____. **Reverberações da Lei nº 8.213/91 à luz das concepções de deficiência: estudo de caso sobre o programa de sensibilização gerencial em uma organização privada de ensino profissionalizante.** 260 f. Tese (Doutorado em Políticas Públicas e Formação Humana) – Faculdade de Educação, Universidade do Estado do Rio de Janeiro, Rio de Janeiro, 2012.

CENSO DEMOGRÁFICO 2010. Características gerais da população, religião e pessoas com deficiência. Rio de Janeiro: IBGE, 2012. Acompanha 1 CD-ROM.

CLAVÍSIO, M. C. S. D. M. **Audiovisual para informação ocupacional do deficiente, na área de fabricação de calçados.** 1993. Dissertação (Mestrado em Educação Especial). Universidade Federal de São Carlos – São Carlos, SP, 1993.

COSTA, C.C. **Programa de ensino para a ocupação de marceneiro, destinado a deficientes mentais.** 1980. Dissertação (Mestrado) Universidade Federal do Rio Grande do Sul. Porto Alegre, RS, 1980.

GATTI, B. A. Implicações e perspectivas da pesquisa educacional no Brasil contemporâneo. In: **Caderno de Pesquisas**, n. 113, p. 65-68, julho, 2001.

⁀YO, A. C. N.; MANZINI, E. J.; CARVALHO, M. B.; BALTHAZAR, M. F.; MIRANDA, Justificativas para a formação profissional do deficiente mental: revisão da brasileira especializada. **Caderno de Pesquisa**, n. 69, p. 53-67, 1989.

⁀ssionais de recursos humanos: expectativas e percepções sobre a ⁀as com deficiência no mercado de trabalho, 2014. Disponível ⁀om.br/download/prof_rh-expectativas_percepcoes_merca- Acesso em: 30 nov. 2015..

⁀. S. Empregabilidade de pessoas com deficiência no município ⁀peamento de políticas públicas e práticas institucionais. In: ⁀ra de educação especial. Vol. 20, nº 4. Marília, out/dez, 2014.

MENDES, E. G; NUNES, L. R. O. P.; FERREIRA, J. R.; SILVEIRA, L. C. Estado da arte das pesquisas sobre profissionalização do portador de deficiência. **Temas de Psicologia**, V. 12, n. 1, p. 1-20, 2004. Disponível em http://pepsic.bvsalud.org/scielo.php?pid=S1413-389X2004000200003&script=sci_arttext. Acesso em 28 de abr. 2015.

MOURA, K. C. B. **A política de inclusão na educação profissional: o caso do Instituto Federal de Pernambuco/Campus Recife.** 124 p. Dissertação (Mestrado). Programa de Pós-Graduação em Educação. Universidade Federal da Paraíba – UFPB, João Pessoa, 2013.

ORGANIZAÇÃO INTERNACIONAL DO TRABALHO (OIT). **Recomendação nº 168/83**, que trata da reabilitação profissional e do emprego de pessoas portadoras de deficiência. 1983.

RAGAZZI, C. L. M. **Emprego com apoio: alternativa viável para inserção de pessoas com deficiência mental no mercado de trabalho**. 2001. Dissertação (Mestrado em Educação Especial - Educação do Indivíduo Especial) – Universidade Federal de São Carlos, São Carlos, 2001.

SANTOS, A. C. **Preparação e inserção da pessoa com deficiência no mercado de trabalho.** 163 p. Dissertação (Mestrado). Programa de Pós-Graduação em Educação Especial. Universidade Federal de São Carlos – UFSCar, São Carlos, 2013.

SEBRAE. **Políticas Públicas:** conceito e práticas. Supervisão por Brenner Lopes e Jefferson Ney Amaral; Coordenação de Ricardo Wahrendorff Caldas. Belo Horizonte, Sebrae/MG, 2008.

SILVA, A. G. **A educação profissional de pessoas com deficiência mental.** Tese (Doutorado). Programa de Pós-Graduação em Educação, Unicamp, Campinas, SP, 2000

SOUZA, L. P.; CINTRA, A. P. U. Pessoas com deficiência severa na região Sul do Brasil: Características da população segundo os censos 2000 e 2010. In: **Cadernos IPARDES**: Estudos e Pesquisas. Curitiba, PR, v.2, n.2, p. 68-86, jul./dez. 2012

SOUZA, M. M. B. **Preparação e colocação de jovens e adultos portadores de deficiência mental no mercado competitivo – Instrução no ambiente real de trabalho.** 1995. Dissertação (Mestrado). Universidade Estadual do Rio de Janeiro, RJ, 1995.

Soellyn Elene Bataliotti

Doutora em Educação pela Universidade Estadual Paulista (Unesp), é especialista em Técnicas e Métodos de Pesquisa pela Universidade Tecnológica Federal do Paraná (UTFPR) e em Designer Instrucional pela Universidade Federal de Itajuba (Unifei). Tem experiência na área da Educação, com ênfase na Educação Especial e Educação a Distância.